# 不登校になって本当に大切にするべき親子の習慣

わが子を笑顔にするために、今すぐできること

菜花 俊

青春出版社

# はじめに

**あなたにとっていちばん大切なことはなんですか？**

**子どもが学校に行けるようになること？**
**それとも就職して自立してくれること？**

はい！　それももちろん大切ですが、その前に、
私は「**親子が**笑顔」でいられることだと思っています。

お母さんの笑顔は力をくれます。

お父さんの笑顔は勇気をくれます。

そして、子どもの笑顔は、お父さんとお母さんの生きる糧になります。


この本は、いま、**不登校のせい**でちょっぴり笑顔を忘れてしまっている親子のための本です。


つらくて、苦しくて、理解してもらえなくて、どうにもならなくて。

原因を突き止めようとやっきになったり、誰かを責めたり、自分を責めたりして、それでも何も変わらなくて……。

「どうしてうちの子が……」「この状態がいつまで続くのだろうか」「子どもの気持ちがわからない」「誰も味方になってくれない」……と、毎日を頑張っているお母さんお父さん、おばあさんおじいさんが、この日本にはたくさんいらっしゃいます。


日本全国には今、どれくらいの不登校の子どもがいるか、ご存じでしょうか？

文部科学省「平成29年度児童生徒の問題行動・不登校等生徒指導上の諸課題に関す

る調査結果について」によると、不登校児童（年間30日以上欠席）の数は次のとおりです。

**小学校：　35032人　0・54％（185人に1人）**
**中学校：108999人　3・25％（31人に1人）**
**高　校：　49643人　1・50％（66人に1人）**
**小中高計：193674人　1・48％（68人に1人）**

つまり、日本全国には193674人の不登校児がおり、中学校では実に31人に1人が不登校、ほぼ1クラスに1名という高い割合です。

不登校にもさまざまなタイプがありますが、ちょっとした行きしぶりや、短期間の登校拒否の例なども含めると、不登校の問題というのは、けっして他人事ではありません。

実は私も、幼稚園から高校まで、行きしぶりや不登校を繰り返していました。その体験が、悩んでいるお母さんやご家族をサポートする今の活動につながっています。本書は、今までに1万8000組以上の親子を支援してきた私の経験に基づいて書きました。

出口のないトンネルの中にいるような方、この本は、そんなあなたのための本です。子どものために、家族のために、今まで頑張ってきた、あなただからこそ、読んでいただけたらと思います。

今なにをしたらいいのか、どうしたらいいのか、今日からすぐにできるようなヒントばかりです。一つひとつは小さな種ですが、それは必ずやお子さんの心に届き、大きな花を咲かせるでしょう。

ぜひ、心のお守りに、この本を親である皆さんの傍《かたわ》らに置いておいていただけたら、著者としてこんなにうれしいことはありません。

『不登校になって
本当に大切にするべき親子の習慣』

# 目次

# 第1章 言葉を変えてみる
## ——「いま」から抜け出す小さな一歩

第2章

# 行動を変えてみる
## ——子どもをまるごと受けとめる秘訣



81

第4章

# こころの習慣を変えてみる

## ――心配よりも悩むよりも、すべきことがある



カバー＆本文イラスト●牛嶋浩美
本文デザイン●浦郷和美
ＤＴＰ●森の印刷屋
編集協力●渡辺のぞみ

プロローグ

# 不登校実例集

## ～不登校中の子、不登校から抜け出せた子、抜け出しかけている子の話～

本題に入る前に、よくある不登校の例を紹介します。
親子の数だけ不登校もさまざまですが、長年、たくさんの
事例に触れてくる中で、よくあるパターンというのが
少しずつ見えてきました。
どんな親子も、似たような悩みや葛藤をかかえています。
典型パターンや解決のヒントが隠されているので、
ぜひ、読んでみて下さい。

（プライバシーに配慮して、人物や背景などは特定できないようにしています）

Case 1

不登校中▾子どもは家では元気だが、親は将来が描けないケース

# 先の見えない不安でいっぱい。自分の未来も子どもの未来も見えない

**お子さんの状況**

小6の秋から不登校。現在中学1年生。卒業式も入学式も欠席。友だちがいないわけではなかったが、コミュニケーションが苦手（軽度の発達障害）で、自分はクラスに必要ない存在だと思ったことから不登校につながる。いつかは今の学校に戻りたいと言っているけれど、家では、お菓子を食べながらゲームやネット三昧。

・・・

**親御さんのいま**

娘が不登校になり、家族で初めて経験するような悲しみの毎日です。娘のことが気

がかりで、何をしていても以前のように楽しくありません。端から見たら楽しそうに思えることもあるかもしれませんが、正直、心底楽しいわけではなく、私が幸せそうにしていれば、娘も幸せを感じるだろうからそうしているという具合です。

家で過ごす娘は、わりと楽しそうにしており、笑顔もありますが、これがいつまで続くのかと思うと、とても心配です。勉強は大丈夫なのか。同級生は学校生活を通してたくさんのことを学んで成長しているのに、娘にはそれがありません。

一人っ子ですし、将来は自分で食べていかなくてはいけません。学力もコミュニケーション力も今のところ明るい兆しはなく、とても自分の幸せなんて考えられません。幸せなふりをしている自分がいます。

いつか自分から学校へ行き出す日がくるのでしょうか。今の状態からすると、それは夢のようなことです。

Case 2

不登校中▼子どもが死を口にし、親がパニックになるケース

# 「死にたい」という子どもの言葉にパニックになります

## お子さんの状況

中学3年生のときにも約1か月の不登校があり、高校に入学してたった5日で、不登校になってしまった息子さん。

まともに目もあわせず、動画を見て尋常ではない馬鹿笑いをしている姿に、親も恐怖心を抱く毎日です。「学校どうするの?」と聞いても「自習しかしない、テストだけで評価される、そんなところは行く意味がない」という返事です。

高校へ行かなくなり3か月。家族間でのコミュニケーションはあり、ゲームしたり、出かけたりします。

**親御さんの今**

日記を見てしまいました。息子のやりたいことは「死ぬこと」だそうです。衝撃的すぎて、倒れそうです。死ぬ時期も書かれていました。それまでは、やりたいゲームがあるから死なない、今はただラクをして生きていたいとも書かれていました。親としては、聞きたくない言葉です。

１人になると、泣けてきて仕方がありません。いつも、この先どうなってしまうんだろうと、不安の感情に支配されてしまいます。

Case 3

不登校中▸不登校と登校のくり返しに一喜一憂してしまうケース

# 不登校がぶり返してしまいました……

## お子さんの状況

中学は卒業式までずっと不登校。担任の先生にもスクールカウンセラーにも一度も会わなかった。高校に入学してから再び不登校に。2学期は初日だけ登校し、2日目から自室に閉じこもる。苦手な作文を徹夜で仕上げたものの、登校時間に間に合うように起こしたときにキレて、その後丸3日間部屋にこもりっきり。夜中に楽しくゲームに興じるも、昼間はずっと寝たまま。夕ごはんだけは出てきて食べる。

・・・

## 親御さんの今

不登校がぶり返してしまい、しばらく落ち込んでいました。1週間程度で思い直して、学校に行かないのなら、息子の好きなところに一緒に出かけていこうと、計画を立て始めました。明るい不登校計画です！

担任の先生と面談した話をすると、息子はふとんに潜り込んでしまいます。家で、私に見せる元気で甘ったれた姿は、私を喜ばせようと無理をしているのではないかと思ってしまいます。私の存在が息子を苦しめているのではないかと……。

もし今、私が病気になったり、いなくなったりしたら、息子は自分のせいだと思うかもしれない。私が死んだときに「お母さんはいい人生だったね」と息子が言えるように、自分が幸せの先生でいないといけないと思うのですが、今はなんだか胸がざわざわして、苦しいです。

高校入学後の1学期だけは登校できたので、息子としてはよく頑張ったなあと思います。

また充電できたら動き出してくれるだろうなとは思っているのですが。一度行ってくれると少しずつでも通ってくれないかと期待する自分がいて、それがまた苦しいです。信じて待っていていいですよね？　待ってるしかないですよね？

Case 4

不登校からひきこもり、改善中▼愛情不足の典型だが、親子のコミュニケーションから改善する典型でもある

# 子どもに自立を求めすぎてしまいました

## お子さんの状況

不登校からひきこもりになった20代の息子さん。「死にたい」と言う一方で母親に甘えることもあった息子さんは、ネット依存で1年間会話がなかった時期を経て、なんとか高校を卒業。近頃は外出が増えたり、雑談や仕事や生き方について語り合えるようになるなど良い方向へ。時々、「僕が働けなくてごめんね。母さん、疲れてるよね。あんまり頑張らないで」と優しく言ってくれることも。

## 親御さんの今

家庭環境のこともあり早くから自立を促してきましたが、子どもたちの話を十分に聞いていなかったことを後悔しています。息子は統合失調症の薬を服用中ですが、たくさん対話しながら、聴くことと認めることを繰り返し、少しずつですが、よい親子関係になってきたと思います。

自分の弱さにも気づくことができ、自分を認められるようになってきました。いろいろあって、私は、自分の好きなことは我慢しなければいけないと思ってきました。人のためにつくさなければいけないと、そういう人生を歩んでしまいました。でも、我慢しなくてもいいのですね。私が安定すると、息子も娘も、安心して私に話すようになってきます。自分が必要とされていると感じます。子どもは鏡ですね。

今の私の楽しみは、ラジオとテレビの語学講座で勉強することです。小1くらいの頃、親戚のお姉さんから英語の絵本をもらいました。自分で辞書を引き、英文法がわからなくても、夢中になって読みました。今、語学を勉強すると、今の自分が自分なのだと……小さい頃の自分と今の自分がつながって、すごく精神的に安定します。

子どもたち一人ひとりとの会話を楽しみ、対話するのは難しく、つい親の希望を言いすぎてしまいますが、子どもの気持ちを受け入れるよう心がけようと思います。

Case 5

# 「放っておく」で、娘を受け入れられている自分がいました

不登校、改善中▶過干渉を減らし、子どもが自ら動きだすケース

## お子さんの状況

中1の娘さん。10月くらいから不登校が始まり、「終業式は行く」と支度していたが、行けませんでした。3月まで家でのんびりしていると言います。

お母さんは職場にも状況を伝え、休みを取って娘さんと過ごすようにしているものの、娘さんの要求がだんだんとエスカレート。「今すぐ、仕事を辞めてほしい」と言うので、3月いっぱいで辞めようとしています。娘さんは暴れる反面、一緒に行動したがるので、お母さんは自分の時間すら作れませんでした。

…

## 親御さんの今

娘と言い合いになることはたくさんあります。でも、感情のコントロールを以前よりもできるようになりました。

言い合いになりそうになったら、一度そこから離れて、別のことを考えたりします。そこから再び娘に向き直ると、娘のことを受け入れられている自分がいます。

最近は、「勉強が追いついたら学校に行く。そのために勉強しないと」と自分を追い込んで、娘は何時間も勉強しているようです。

「学校に行けても行けなくてもどっちでもいい。行きたくないのに、無理して行く必要はない。勉強しないと行ってはダメなわけではなく、勉強しなくても行ってもいい」と伝えたら、何かが変わったようで、家でいきいきと過ごしています。

最近では私も自分の時間を作り、でかけることにしています。はじめは許してもらえなかったけど、「ママは私に何でもやりたいことをやらせてくれるのに、自分ばっかりママにダメと言うのはおかしいと思った」と言い始め、自分で考えて過ごせるようになってきました。

娘の話をたくさん聞くようにしてから、落ち着いてきて、家ではたくさんお手伝いをしてくれています。まだ崩れる日もあるけれど、少しずつ前に進めている感じで、心配が少なくなってきました。迷いそうになったら、「放っておく」ということを思い出して、過ごしていきます。

Case 6

不登校から抜け出しました▼親が行動したことで改善したケース

# 今、子どもは元気に学校へ行っています

## お子さんの状況

中学一年生の娘さん。三姉妹の次女です。

学校は行きますが、遅刻早退。教室に入れません。部活は土日のみ参加できるものの、お母さんがずっとその場所にいないと怒るそうです。

3月の小学校の卒業式、4月の中学校の入学式もその場には入れず、会議室、保健室にいました。

**親御さんの今**

教室に入れなくなった娘に、どうしていいかわからなくなりました。あれから2年経ち、娘は元気に学校に行っています。子どもが教室に入れなくなって、卒業式、入学式も出られなくて……これはいけないと本屋さんに行って偶然菜花さんの本をみつけました。

本の中の全部は実行できなかったので、

- 子どもの言うことを肯定し、「いいよ」と答えること
- その中でできることはできるだけやること
- 担任の先生にお手紙を書くこと
- 一日一度は身体を触ること←これは自分で決めました。
- 本人の意志を尊重すること

これらをやってみるようにしました。そして今、普通にみんなと過ごせています。約2年かかりました。思っていたより早くて驚き、戸惑いつつ元気な子どもを見ると嬉しくもあります。

本当に色々考えさせられましたが、やっぱりどんなときも子どもが大事で好きで未来は明るいと信じていました。今も信じています。

「あのときは何かがのりうつっていたんだ」なんて他人事のように言う子どもに「そうだったの」と答えつつ、複雑な気持ちは残りますが。

ひとことで言えば、私は、大変でした。

今は自分のやりたいことを見つけて、その方向へ進んでいます。

不登校から抜け出しました▼「放っておく」ことで子どもが動き出したケース

Case 7

# 別人のように、朝から登校しています

## お子さんの状況

小5の2学期から不登校。10月後半から放課後だけ登校できるようになる。2学期の終業式は3時間目から行けて4か月ぶりに給食も食べる。まだ不安定ではあるものの、徐々に登校できるようになってきた。当初から「学校に行きたい」とは言っていた。

・・・

## 親御さんの今

あれだけ他の生徒の目を避けるようにしていたのに、自信がついたからか、平気になってきたように見えます。

- **娘がどんな気持ちかは表情で読みとる。**
- **娘が自分で決めて自分で行動する。**

ということを、心がけました。

一歩踏み出すきっかけを待っているようだったので、担任の先生からの提案で、娘が放課後登校を自分で決めたんですよ！「どうだった？」と聞くと、「楽しかった」と。表情も良かったです！

学校に行けなくなり始めの頃は、私はやっぱりショックで、動揺しました。思い悩んで家族みんな暗い顔をしていたと思います。

でも、菜花先生の本と出会って、**（親自身が）自分から元気になる**のか、と。はじめはカラ元気でしたが、学校に行っていないだけで家では元気な娘を見ていると悩んでもしょうがないかーと。娘が元気なら、それでいい。

それに気づいてからは家の中は明るかったです。

日中娘の世話をしてくれている義母は行動的な人なので、今日はこの会、明日はあの会と、自分の趣味を変わらず楽しんでいるし、夫は基本あまり動じない人なので、とやかく言わず普段通り。
私もフルタイムの仕事なので、仕事中は娘のことをあまり考えないし、いい意味で放っておいた感じです。イエスマンにもなりましたよ！

（中略）

3学期に入ってからは徐々に学校行ける時間が早くなり、3月後半には午前中から行けるようになりました！　そして、卒業式には朝から行き、6年生を送ることができました。週明けには、約半年ぶりに登校班で登校したんです！
2学期以降、学校に行けなくなって、本人はきっといっぱい悩んだり葛藤したでしょう。でも、休んで、徐々に自分で決めて自分のペースで行けるようになり、確実に元気になっていきました。とっても良い表情になっていきました。

（中略）

（学年が変わって）そして新学期、初日は不安な気持ちが大きくて、朝からは行けませんでした。

３日間は放課後登校。でも担任の先生が、不安な気持ちを理解してくださって、私もよく話を聞いて。そしたら４日目からは別人のように朝から行けるようになりました！　帰って来ると、学校での話もしてくれるようになったんです！

行けなくなった当初から、「本当は学校に行きたいんだ」って話してくれていたので、全力でサポートしようと思っていました。イエスマンになっていました！

何よりも、娘が元気を取り戻したことが嬉しかったです。だから、学校がもししんどかったら、自分のペースで行けばいい、どんな娘でもＯＫって思います。

今、新学期が始まったばかりですが、とってもイキイキしています。また、つまずくこともあるかもしれない。でも、きっと大丈夫。今は、そう思います。

Case 8

不登校から抜け出しました▼親子の愛情の再確認ができたケース

# 「生まれてよかった」と言ってくれました

**お子さんの状況**

中1の夏から、不登校になって5年。せっかく入った高校も休学し、拒食症になりかけたり、毎日寝てばかりの日が続いたり、いつになったら元気だった頃の娘に戻るのかと思う日々でした。

朝、学校に行けず泣いている娘を見て、血圧が上がり医者の診察を受けに行くことも………。無理を押して登校して行く娘を見て、無理をしすぎて本当に心身症になってしまわないか心配しています。

## 親御さんの今

通信制高校に転学（編入？）した娘ですが、週1回のペースで通い始め、最近では、車での送り迎えから電車通学になってきました。習い事も休まなくなり、毎日元気に過ごしています。

私が仕事の愚痴を言っても、「大変だろうけど頑張ってね」と励ましの言葉をかけてくれることもあります。菜花さんの勉強会で書いた手紙も娘の心に届いたのかな、と思います。

4年半前、不登校になった頃、「自分なんて死んじゃえばいいんだ」と泣いていた娘ですが、「生きていてくれて本当に良かった。生きていてくれてありがとう」と伝えたところ、「ママも生きていてくれたから、自分たち姉妹が生まれて良かった」と言ってくれました。

なんでうちの子が不登校になったのか、きっと答えは見つからないと思いますが、それでいいと思えるようになりました。不登校になってくれたから、娘が生きていてくれることが、こんなに嬉しいと思えるのですから。

# 不登校から抜け出した親の共通点

1〜8の事例、いかがだったでしょうか。

親子の数だけ、お子さんの状況や不登校の事情はさまざまですが、同じ悩みを抱えている人なら、この8つの事例のどこかに必ず、自分や我が子を重ね合わせるのではないでしょうか。

子どもが突然「学校に行きたくない」と言い出して、不登校が始まると、どんな親でも、絶望のどん底に突き落とされます。最初から「行きたくないなら行かなくていいよ」とは、なかなか言えないものなんです。

どんな親御さんも、原因探しをしたり、自分を責めたりします。

苦しんで苦しんで、いろんな方法を試します。

## ●我が子が不登校になってしまったら……？

もしも、我が子が不登校になってしまったら、子どもの言動に一喜一憂するのはやめましょう。

その代わりと言ってはなんですが、親自身はいつも笑顔でいてください。最初はなかなか難しいかもしれませんが、私はいつもそのように提案しています。

そして、子どもを批判するのではなく、全力で応援します。子どもが成功しても、失敗しても、まずは努力をしっかりと見て、たたえてあげてください。

## 〝自分ファースト〟が、不登校を直すカギ

長年、不登校で悩む多くの親御さんを支援してきたなかで、不登校から抜け出せた親御さんたちに、ある共通点があることに気づきました。

それは、愛情をお子さんだけではなく、自分自身にも向けているということです。

時に親は、子どもを愛するあまり、自分のことは顧みず、子どもにすべての愛情を注ぎ込んでしまうことがあります。すると、親は元気をなくし、子どもは息苦しくなってしまうのです。

愛は、自分を愛している分しか、相手には伝わりません。

子どもを愛するなら、同じだけ自分自身を愛する必要があるのです。

子どもが学校へ楽しく通えるようになるには、まず、親が元気になること。そのためには、自分を最優先させること。〝自分ファースト〟になるんです。

子どもの元気は、そのあとについてきます。

## ●未来を変えるたった1つの方法

それでは、親子で元気になって未来を希望あふれるものに変えるには、どうしたらいいでしょうか?

未来を変える方法はたった1つだけ。それは「行動」です。自分の行動を変えると、気持ちも変わります。すると、子どもにも親の変化が伝わり、子どもの行動も変わってくるのです。

「親が行動を変える」

⬅

「親が元気になる」

「子どもが親の変化に気づく」
⬅
「子どもの気持ちが変わる」
⬅
「子どもの行動が変わる」
⬅
「学校へ行けた！」

不登校から抜け出せた親子は、だいたいこのような流れをたどっています。
まずは、「親が行動を変える」、それが起点となっていることが大事です。
子どもが元気になってから、親が元気になる……という順序ではないのです。
親自身が自分の生き方を通して、子どもに幸せのお手本を示すこと。
これが、子どもが不登校から抜け出すための王道であり、近道です。

## 〝親子で過ごす時間は案外、短い〟という事実

あなたは、春夏秋冬どの季節が好きですか？
その季節を、あなたはこれからの人生であと何回味わえますか？
あなたは今何歳ですか？　日本人の平均寿命は女性86歳、男性80歳といわれていま
す。あと何年生きられるのでしょうか？
そのうち、お子さんと一緒に過ごせる時間は、どれくらいあるでしょうか？
親子で過ごせる時間は、あっというまに過ぎていきます。だったら、不登校でモヤ
モヤ、ウジウジ悩んでいる時間がもったいない！
まずはお子さんに「大好きだよ」「愛してるよ」と十分に言ってあげましょう。
残りの人生であと何回、愛情を伝えられるでしょうか？
やり残したことはないですか？
伝えていない想いはないですか？
今日が人生最後の日だと思えば、伝えるのは今しかありません。だから勇気を出し
て、大切なお子さんへ、想いを伝えましょう。

「ウチの子、大丈夫？」と
不安になったときの

# すぐやる9《ナイン》

子どもが不登校になったら、

どんな親御さんだって心配です。

そんなときは、これから紹介する9つのことを

まずは試してみてください。

自分がすぐにできることからで大丈夫です。

## すぐやる9 ① ほめて、ほめて、ほめまくろう

お子さんのことを、最後にほめたのはいつですか？

学校に行けなくなった子どもは、ほめられる機会がぐっと減ります。でも、実は学校に行っていない今こそ、そして、自信を失っている今こそ、お子さんをほめて、認める必要があるんです。

自信喪失しているお子さんが、思わず照れくさくなって笑ってしまうくらい、ほめてほめてほめまくりましょう。ほめ殺し、しましょう。

最初は恥ずかしがったり、照れたりするかもしれません。でも、続けているうちに、たいていは、ほめられることに慣れていきます。

ほめるためには、お子さんをよ～く観察してください！　ちょっとした表情の変化や行動の変化に気づいたら、そこがほめポイントです。ほめ言葉は、少しおおげさなくらいで大丈夫。

お子さんがどうしたらいい気持ちになれるか、想像しながらやってみてください。

## すぐやる9 ②　イエスマンになろう

お子さんに「いいよ」と言ってあげていますか？

子どもが何か提案してきたら、「そんなことはダメ！」と頭ごなしに言わないで、「いいよ」と言ってあげましょう。なんでも「いいよ！」です。

〝ダメだしNG週間〟を作ってみてもいいですね。お母さんだって、「いいよ！」しか答えがないなら、考える手間が省けてラクってもんですよね？

とりあえず受け入れられたら、誰だっていい気分になります。解決策や対処法は、それからじっくり考えればいいんです。

たとえば……

**子ども**「プレステ4、買ってよ！」
**お母さん**「いいよ！　でも、4万円もするんでしょ？　クリスマスじゃダメ？」
**子ども**「今すぐ、ほしい……」
**お母さん**「わかった。じゃあ、食費を削るね。これから2か月おかずなしだよ。あなたのおかずだけ、ナシ！　それでもほしい？」

もし子どもがそれでもほしがったなら、「いいよ！」って言えばいいわけです。子どもにダメ出しして戦うのではなく、とりあえず「イエス！」と答えて、同じ目的に向かって一緒に考える仲間になればいいんです。

こういう〝イエスマン〟になれると、お母さんもラクになりますよ。

## すぐやる9 ③　自分が楽しいことをしよう

子どもの不登校で悩んでいる親御さんは、「子どもが不登校なのに、自分が楽しんでる場合じゃない……」となりがちです。でも、私はそれは違うと思うんです。

お母さんもお父さんも、自分の楽しみを削ってはいけないと思います。むしろ、自分をもっと楽しませないと！　好きな物を食べたり、親しい友だちと出かけたり、旅行に行ったりしていいんですよ。

自分の楽しみを制限したり、自分に我慢を強いると、子どもや家族（夫）に対しても、「あなたも◎◎を我慢して」「もう少し▲▲を控えて」となりがちです。

だから、子どもに「もっと自由に、気兼ねなく行動していいよ」と思っているのなら、まずは親がそれを実践しないとね！

楽しみましょう、自分自身の今の人生を！

## すぐやる9 ④　どんどん怒る。そして謝る

「子どもが不登校で、不安定なときこそ、私がしっかりしなければ……」

まじめなお母さんこそ、こう思うようです。

でも、それ、無駄です。

とくに子どもに対して感情を閉ざそうとしても、無駄なんです。お母さんの心は、子どもから見たら、ガラス張り。お母さんが今どんな気分でいるのか、子どもは敏感に感じとってしまいます。作り笑いなんて、お見通し。

お子さんは生まれたときから（いえ、生まれる前から）、ずっとあなたを、あなただけを見ているのですから。表情、声のトーン、もっと言えば、足音からさえ、あな

たの感情を察知しています。

「お母さん、モヤモヤ、イライラしているな……私が学校に行かないから」と、お子さんは自分を責めてしまいます。たとえ、モヤモヤやイライラの原因が、仕事の悩みだったとしても、お子さんはその原因まではつきとめられないから、自分のせいだと感じてしまうんです。

そうなるくらいなら、子どもの前で全部ぶちまけてしまいましょう！

「あんな上司、ぶんなぐってやりたい！」と、子どもの前でグチッたってＯＫ。それは、夫やパートナーとケンカしたり、祖父母から何か言われて傷ついたときでも同じです。

「お母さん、今こんなことがあって、悲しいんだ」

と正直に子どもに伝えたほうが、子どもも「自分のせいじゃないんだ」とわかり、安心するんです。

愚痴も怒りも、涙もぼやきも、全部出しましょう。ためてはいけません。

モヤモヤ・イライラのせいで子どもにキツくあたってしまったら、「ごめんね、お母さん仕事でいろいろあって、思わずあなたに八つ当たりしてしまった。でも、あなたのことは大好きなのよ、ごめんね」と謝って、フォローしてください。子どもが慰めてくれるかもしれないし、そのほうが子どもとの信頼関係も築けますよ。

## すぐやる9⑤　どんどん泣こう

子どもが生まれたばかりのときのことを思い出してみましょう。何ともいえない、切ない気持ちになりますね。鼻の奥がツンとしてきます。

少し疲れを感じたら、昔のアルバムを見返してみましょう。

子どもがそばにいるときに何気なくアルバムを開いてみてください。

「幼稚園の頃、かわいかったなあ」

「つるつるおうどんが、大好きだったね」

「おっぱい、おっぱいで、なかなか卒乳できなかったよね」

誰に聞かせるでもなく、つぶやいてください。

そして、子どものかわいい思い出にたまらない気持ちになったら、ためらわずに、泣きましょう。

そういうお母さんを見て、子どもは自分がいかに愛されて育ったか実感できるはずです。

## すぐやる9⑥　たまにはウソつきでいい

⑤にも関連しますが、お子さんが愛されていることを実感できるかどうかは、とても大事です。もし、お子さんが「愛されていた」と思えるのであれば、多少のウソもアリでしょう！　人を幸せにするウソなら、神様も許してくれますよ。

私の話ですが、三男が生まれたときのこと。真っ赤っかな新生児を見て、「うわ、犬じゃん」と思いました。嬉しい気持ちよりも、〝我が子は犬〟のインパクトのほうが大きかったんです。

でも、三男には、「おまえが生まれたときは、涙が出るくらい嬉しかったよ！」「ちっちゃくてとてもかわいかった！」と話しています。そうすると三男も、すごく嬉しそうな表情をするんですね。

子どもを喜ばせるためのウソなら、ときには許されるものだと、私は思います。

## すぐやる9 ⑦ 失敗談を話そう

自分の失敗談は、子どもにどんどん話しましょう。

できれば、お父さんやお母さんがお子さんと同じくらいの年齢だった頃の失敗談を。性別が同じなら、なおのこといいです。お父さんからは息子さんに、お母さんからは娘さんに話すのがいいでしょう。

「お母さんね、あなたと同じ年頃の頃、忘れ物ばかりして、先生に怒られてたのよ」

「給食を食べきれなくて、つらかったことがあったなあ」

「お父さん、実は小学4年生まで、おねしょしてたんだ！」

というふうに。

「でもね、今はもう、こんなに立派に成長したでしょ？　昔できなかったことも、できるようになったのよ、いつのまにか。だからあなたも大丈夫！」

こう言われたら、お子さんも許されたような気持ちになり、未来に希望が持ちやすくなるのではないでしょうか？

すぐやる9 ⑧

## 毎日をお祝いにしよう

何でもかんでも、お祝いをしましょう。

お子さんが今、生きていることにお祝いするのです。

あなたはお子さんに対して、どれくらいお祝いしていますか？　年に1回？　2回？　6回……それとも、月に1回、2回？　年に1回なんてもったいなさすぎます。

お子さんの命って、そんなものではないですよね？　年に1回のお祝いで喜びを表しきれているでしょうか？

毎日お祝いすれば、

「あなたが生まれてきてくれて、よかった！」

「あなたがいてくれて、よかった！」

って、毎日伝えることができます。特別なごちそうを用意しなくても、いつもの夕ごはんのときに、お子さんの小さな頑張りや成長を、みんなで祝ってもいいですね。

「◎◎君が、逆上がりできるようになったね、おめでとう！　乾杯！」

これを習慣化したら、我が家では子どものほうから、

「今夜は、お父さんが◎◎したから、乾杯だね！」

と、言うようになりました。

こういうことを積み重ねていくと、お子さんはきっと、小さな楽しみや幸せを見つける天才になりますよ。大人になっても、身近な人の幸せをお祝いできる、素敵な人に成長できるはずです。お祝い上手な人は、周囲を喜ばせますから、幸せになれます。

結婚しても、家族をたくさん祝ってあげられて、幸せな家庭を築けるでしょう。

命をたたえるお祝いの伝統が、あなたから、お子さん、お孫さんへと受け継がれていったら、すごく素敵なことですね。

## すぐやる9 ⑨ 縁を切ろう

なんとなく居心地が悪く感じたりする場所、怒りや恨みなど負のエネルギーを感じさせることや人間関係、誰にでもありますね。

あなたやあなたのお子さんの元気や笑顔を奪うものは、徹底的に避けて、場合によっては、縁を切ってもいいんです。

たとえば、人間関係で言うなら、こういうものです。

- 不登校のことであなたを責める姑
- すべて妻まかせで文句だけ言う夫
- パワハラをする上司
- お子さんに心ない言葉を言う担任の先生
- お子さんをいじめる同級生

また、生活習慣や感情などで言うと、こういうものです。

- 喫煙
- 飲酒
- 睡眠不足
- 野菜不足
- 水分不足
- 自己否定

私は、こうしたものと縁を切るには、逃げたいときは、「花を咲かせるワーク」を提案しています。

手順はとても簡単です。

**●花を咲かせるワーク**

1：好きな花の種を買う

2：大きめの付せん（10センチ×10センチ）を4～5色用意する

3：「2」からキライな色を1枚選ぶ

4：選んだ1枚の付せんに、縁を切りたいことやひと、習慣、その理由やイヤな思いをすべて書く

5：書き込んだ付せんを握りつぶし、踏みつけ、投げ捨てる

6：拾って、燃やして、灰にして土に埋める

7：そこに、買った花の種をまき、水をかける

ぜひ、お子さんと一緒に、遊び感覚でやってみてください。

負の感情は、いったんすべて吐き出します。でも、それがやがて花になって生まれ変わるとしたら、ステキだと思いませんか？

＊

「すぐやる9《ナイン》」は、どれも、簡単に実践できるものばかりです。

どれか1つを、とにかくやってみましょう。

始める前には、これをやってみたら、お子さんは何をイメージして、どんな気持ちになるか、想像してから取り組んでみてください。

もし、お子さんがイヤな気持ちになる想像がよぎったら、それはやめましょう。

あなたとのコミュニケーションで、お子さんは何をイメージするでしょうか？

そして、お子さんはどんな気持ちになるでしょうか？

それを想像するのが、思いやりなのです。

これをしたら、きっとこの子は楽しい気持ちになるだろうな。

これをしたら、きっとこの子は幸せな気持ちになるだろうな。

これをしたら、きっとこの子は嬉しい気持ちになるだろうな。


そう思えたら、即実行しましょう！

もしうまくいったら、それを毎日継続して、習慣にしましょう。お子さんから、「もうわかってるから！」と言われるまで、習慣になるまで、続けましょう。良いことは続けるんです、永久に！

お子さんと一緒のときはもちろんのこと、お子さんが自立して家庭を築いても継続しましょう。それが、幸せを伝承するということです。

# 「お子さんはあなたを許さない」

あなたは今幸せですか？
毎日楽しいですか？
いつも笑顔でいますか？

もし、あなたの答えが
「ノー」だとしたら、
お子さんはあなたを許しませんよ！

あなたはお子さんをどれくらい愛していますか？
はい、そうですよね！　世界で一番愛していますよね！
では、お子さんは、あなたをどれくらい愛していると思いますか？
えっ？

「愛していない……」って？
そんなことはありませんよ！

お子さんが何と言おうと、
あなたが今どう感じていようと、
お子さんは、世界で一番あなたを愛しています。
絶対にです！

だから、お子さんは、あなたが不幸でいるのは許せません。
あなたが人生を楽しめないのは許せません。
あなたの笑顔が消えるのを許せません。
あなたを愛しているから。
あなたに幸せでいてほしいから。
あなたに笑顔でいてほしいから。
どんな手を使ってもあなたに気づかせようとするのです。

## Message for you

**…今、幸せですか？**

もしお子さんに、

「お母さん（お父さん）、幸せ？」

ってたずねられたら、

あなたはなんと答えますか？

……即答できますか？

子どもが学校に行けば、「幸せ」ですか？

夫がもっと協力的なら、「幸せ」ですか？

学校の先生が親身に話を聞いてくれたら、

「幸せ」ですか？

子どもがつきあう友だちを

変えてくれたら、「幸せ」ですか？

第1章

# 言葉を変えてみる

## ──「いま」から抜け出す小さな一歩

“不登校解決のために、今日からできること”。

その、一つひとつは、とても小さな一歩です。

でもその一歩を踏み出すことで、必ず何かが変わっていくはずです。

親御さんの勇気ある一歩が、小さな種となり、

お子さんの心の中で必ず、花を咲かせる日がきます。

できることから始めてみましょう。

最初のひとつは「言葉」です。

# 「どうして学校に行けないの？」と聞かないでください

ひょっとするとあなたも、子どもにこんな質問していませんか？

実は、学校に行けない子どもに対して「どうして学校に行けないの？」は最悪の質問です。なぜなら、この質問で子どもは、学校に行けない理由を次から次へと探し出し、自分や相手を責め、自信を失い、孤独と無力感でいっぱいになり、何もする気がなくなるからです。

一方、子どもが希望を持ち、自分で考え答えを見つけ出し、行動できるようになる質問もあります。そう、質問ひとつで、天国と地獄、正反対の結果になるのです。

決して大げさに言ってるわけではありません。

あなたが子どもに投げかける質問は、それだけ大きな影響力があるのです。

本書を読まれているあなたなら、どんな「質問」をすればいいかわかりますよね？

はい！　例えば、

- よほどつらいことがあったんだね？（今までずっと我慢してきたんだね？）
- お母さんが聴いてあげられることはある？（お母さんに話せることはある？）
- お母さんにして欲しいことは何かある？（お母さんにできることはある？）

そして、学校のことを話題にできるくらい子どもが元気になったら

- （優しく）本当はどうしたいの？
- どうすればできる（学校に行ける）と思う？
- もしできる（学校に行ける）としたら何から始める？
- （優しく）どうしてそう思うの？

これらの質問には、子どもを癒やし、自信を取り戻し、自ら動き出せるようになる力があるんです。

ポイントは、子どもに共感しつつも「子どもが何を言っても動揺しない」ことです。子どもにとって一番の苦しみは自分のせいで大好きなお母さんが悩むことなのですから。子どもの話を真剣に聴いたあとは、笑顔で締めくくることを忘れないでくださいね。これはもちろん、お父さんも同じですよ！

# 栄養たっぷりの言葉をたくさん伝えましょう

子どもは食べ物だけで育つのではありません。親からもらった言葉の数々こそが、子どもの成長に欠かせない栄養です。とくに、子どもの心は、親からの愛情たっぷりの言葉で、すくすくと育ちます。

あなたは子どもに、栄養たっぷりの言葉を与えていますか？　メルマガやカウンセリングを通して、私が聞いたそれぞれの言葉の例を記します。

左ページの表には、自分自身の日頃の言葉を思い出して、書き出してみましょう。

**〈栄養たっぷりの言葉〉**

「お母さん、◎◎ちゃんと一緒にいられて嬉しいな」

「◎◎ちゃんのこと、大好きだよ」

「お父さん、とっても幸せだよ！」

〈毒のある言葉〉

「ほんとに、あなたはダメなんだから」

「あんたなんて産まなければよかった」

「なんでこんなに不幸なんだろう」

| 栄養たっぷりの言葉 | 毒のある言葉 |
| --- | --- |
| | |

# 「何を言うか」でなく「何を言ってほしいか」で考える

子どもが悩んでいるとき、迷っているとき、泣いているとき、怒っているとき、頑張っているとき、動き出したとき……親としてどんな言葉をかけていいか迷ったら、この3つをヒントにしてください。

**1●見守っていることを伝える**

「悩みがあるの？」

「何か迷っているんだね？」

「悲しいことがあったの？」

「腹が立つことがあったの？」

「頑張っているね！」

「決心したんだね！」

心の変化に親が気づいていることを伝えるだけで、子どもは勇気づけられます。

**2●何も言わずに笑顔でうなずく**

言葉の代わりに、大きくグッドサイン（親指を立てる）でもいいです。「イエス！」の気持ちを示せば、お子さんは心強くなります。

**3●何と言ってほしいか、子どもにたずねる**

「あなたの力になりたいんだけど、お母さんの助けはいる？」

「お父さん、◎◎ちゃんの頑張りが嬉しいよ！　こんなとき、何て言われたい？」

この3つのヒントを参考に、「何がこの子を元気にするか？」を考えてくださいね。そうしたら、言葉も自然と出てくるようになると思いますよ。

## 自分の心にろうそくを灯す言葉があります

まず、お子さん以前のこととして、大事なことに気づいてもらいたいのです。
お子さんを元気づける前に、自分のことをちょっと見つめてみてください。
私からは、こんな言葉を、この本を読む方に伝えたいのです。

もう頑張らなくていい。
もう少し自分をいたわってもいい。
もう少し自分に優しくなっていい。
もう少し自分をほめていい。
もう自分を許してもいい。

だって、もう十分に頑張っているのですから。

人を元気にするには、まずは自分が元気でないといけません。

お母さんが「私はできる！」「私は大丈夫！」と自信を持って言えれば、子どもにも「あなたは強い子だから大丈夫！」と言えるんです。

本当に強いかどうか、大丈夫かどうかは問題ではありません。「強い」「大丈夫」と信じて言葉にできるかどうか――それが大事なんです。

子どもにも同じことが言えます。強い子か弱い子か、という問題ではありません。お母さんが、ご家族が、周囲の大人たちが、子どもを強い子だと信じているかどうか、それが大事なんです。


心を落ち着けて、ゆっくり考えてみてください。

そして、自分を大切にし、励まし、勇気づけることを忘れないでください。

まずは親が「私はすばらしい存在！　世界はすばらしい！」と感じられることが大事です。

そうしたら、心にぽっと、ろうそくが灯ったような気持ちになると思います。親御さんの心にろうそくが灯れば、子どもの心にも同じように、温かな炎が灯りますよ。

# 「〜してくれたら嬉しい」の魔法

自分の思い通りにならないとき、いつまでたってもやる気を出さないとき、つい、「〜しなさい」という命令口調で言ってしまうこと、どんな親でもあると思います。

でも、ちょっと立ち止まって、自分が言われたときのことを想像してみてください。この命令口調は、言われた人の元気を奪ってしまうことが多いんです。

「〜しなさい」が出てきそうになったら、すかさず、こう言い換えてみてください。


「もう少し早起きしてくれたら嬉しいな」

「朝ごはんを一緒に食べてくれたら嬉しいな」


子どもがもう高校生や大学生だったら、「こんな子どもだましの言い方、気が引ける……」と思うかもしれませんが、相手の気持ちを変えるのは言い方ひとつですよ！

# 3つの「じ」で上手にほめる

「子どもをうまくほめられない」

「ほめてもぜんぜん子どもが喜ばない」

「子どもをほめたら、キレられた……」

深いためいきとともに、こう漏らす親御さんたちをたくさん見てきました。

「ほめる」とは「認める」ということです。でも、言うほど簡単ではないですね。かける言葉やタイミングを間違えば、お子さんが喜ばないどころか、怒り出すことさえあるかもしれません。実は、「ほめる（＝認める）」がうまくいくには、3つの条件が必要です。私は3つの〝じ〟と呼んでいます。

## 1●〝子どもがほめてほしい事〟をほめる

ふだんから子どもの話をよく聞いて、どこをほめてほしいのか、何を大切にしているのかをよく把握しておきます。

## 2 〝子どもがほめてほしい時〟にほめる

希望を持ったり、元気なときや、自分で自分を認めているときこそ、ほめるベストタイミングです。反対に、落ち込んだり、ひどく疲れているときは、「ぜんぜんわかってない！」と、子どもの信用をなくすかもしれません。

## 3 〝親自身が自信を持っている事〟に関してほめる

ほめるからには、親がその事柄に対して、子ども以上に自信をもっているのが理想的です。ほめられる側からすれば、自分以上にできる人や実績のある人からのほめ言葉のほうが、嬉しいですよね。

3つの「じ」、ぜひ、心がけてみてください。

## 親自身の本心を伝えましょう

「子どもが学校に行ってくれさえしたら、私は幸せなのに……」

こう思ったこと、一度や二度ではありませんよね？　でもきっと、

「子どもが元気でいてくれたら、学校なんて行かなくても……」

という気持ちもあって、毎日振り子のように揺れ動いているのではないでしょうか？　その揺れ動く気持ち、子どもに伝えていますか？

子どもは親の態度から、いろんなことを察しています。

子どもも、「お父さん、お母さんは、自分のことをどう思っているのだろう？」と不安に思っているはずです。その不安を取り除くだけでも、子どもは元気を取り戻し

ますよ。

そのためには、親自身の正直な気持ち――毎日揺れ動いていること、不安でいっぱいな本心――を、子どもに伝えましょう。

「本当はね、◎◎君が元気なら、それだけでいいと思うときもあるの。でも、やっぱり学校に行ってほしいと思うときもあるの。両方の気持ちがあるんだよ」と。

あるいは、

「正直に言うとね、やっぱり学校に行ってほしい気持ちはあるの。でもお母さんにとって一番大事なのはあなたが元気で笑顔でいてくれることなのよ。それだけは忘れないでね！」

気持ちが伝わるほどに、「お母さん、お父さんは、僕を（私を）愛してくれてるんだ！」と感じて、不安が薄れていきます。

# どんなときも笑顔で「大丈夫！」

小学6年生の女の子の話です。保健室登校をしていますが、それも休みがちで、気に入らないことがあると、泣きわめいて物を投げたりすることもありました。家庭の事情で途中から学童クラブに行き始めたもののなじめず、学校で無視されたりするようないじめにも遭《あ》っていました。スクールカウンセラーとの面会も拒否していました。

お母さんの心配事は、中学に進学するときに環境は変わるものの、このままずっと不登校が続いてしまうのではないか？　ということでした。ご自身が離婚・再婚をされているので、そのことが娘に影響したのではないかと、お母さん自身も苦しんでいたのです。

娘さんはお母さんの心配をすごく敏感に受けとめて、それがさらに娘さんを不安にさせるという悪循環に陥っていました。ですから、私は、お母さんにこうアドバイスしました。

「あなたが元気をなくすと、娘さんは『自分のせいだ』と自分を責めてしまうのですよ」と。

娘さんは、「自分は愛されていないのかな？」「誰からも必要とされていないのかな？」という不安の中にいるんです。その不安を払拭するには、お母さんが元気で幸せな姿を見せないといけません。

娘さんがこのような状態に陥っていたら、「あなたがいるから、私は幸せよ」と伝えましょう。

怒って癇癪《かんしゃく》を起こすのは、「もっと私を愛してよ！」のサインです。そんなときは、「お母さんはあなたのこと大好きよ」と伝えればいいんです。

もし、どうしてもお母さんが笑顔になれないときは、「まずは、お母さんがカウンセリングを受けてください」ともアドバイスしました。ご自身が第三者に話を聞いてもらって元気になることが最優先だからです。

# 「愛してるよ！」の達人になろう

日本語だとどこか歯の浮くようなフレーズ、それが「愛してる」だと思います。「愛してる」が少しヘビーだったら、「大好きだよ」でもいいかもしれませんね。

子どもが不登校になったり、自室にひきこもりがちになるのは、心が不安でいっぱいだからです。「こわいよ」「さみしいよ」という気持ちの現れなんです。

不安をとりのぞく方法はただ1つ。

お母さんの、お父さんの愛情を伝えることです。

「愛してるよ」「大好きなんだよ」と、毎日何回でも、何十回でも伝えてくださいね。

子どもがどんなことをしても、どんな道に進んでも、変わらずに見守っているよと伝えてください。

最初は反抗的な態度をとるかもしれませんが、それは「傷つきたくない」という子どものおそれの現れです。ひるまずに、愛情を伝え続けてください。

## 〈励まし10か条〉で、言葉を変える練習をする

自分の手帳に、スマホのメモ機能に、親が自分の目につくところに、こっそり〈励まし10か条〉を用意しておきましょう。子どもへの接し方に行き詰まったとき、この10か条に立ち返ってみてほしいのです。

1：子どもの長所を見つけて伝える（できるだけ、今までにない良いところを）
2：結果よりも努力をほめる
3：〈スキンシップ＋やさしい言葉〉をセットにする
4：「ありがとう」「大好き」「愛してる」をいつもより多く言う
5：親の失敗談を伝える
6：「◎◎ちゃんは、世界一！」と言う
7：どうしても叱るときは、10回ほめてから1回だけ叱る

**8：目の前にいる子どもと話す（過去や未来の不平不満は封印！）**
**9：「どんなことがあっても乗り越えられるよ！」と伝える**
**10：「お父さん、お母さんは幸せだよ！」と子どもの前で言う**

自分の癖は、なかなか変えられないものですよね？

お子さんに返す言葉も同じです。「このままでは子どもが変わらないな」「ぜんぜん状況がよくならないな」と感じたら、荒療治ではありますが、ちょっぴり意識を強くもって、親自身の言葉と行動を変えてみてください。

〈励まし10か条〉は、子どもに「自分は愛されている」ということを気づかせるきっかけにもなるんですよ。

## 子どもにイラッとしたときに問いかけたいこと
## ――叱る、その前に

自分に言い聞かせている〈叱る前に考える4か条〉というのがあるんです。

1：私は今、この子と同じ視点に立てているだろうか？
2：叱った回数の10倍、ほめて（認めて・受け入れて）いるだろうか？
3：私自身が手本を見せているだろうか？
4：私が人生を楽しむ姿を見せているだろうか？

どうでしょうか？　ちょっとハッとしませんか？　私はいつも1つか2つ欠けているんです。「自分には叱る資格がなかったなあ」と反省します。
叱れば叱るほど、子どもは言うことを聞かない……なんてことがよくありますね。
そうすると、「この子のことを思っているのに、なぜ!?」と、腹立たしくなります。

でもね、ちょっとそこで立ち止まってほしいんです。

子どもにも意思があります。子どもが親の言葉を素直に受け入れるか、「あっかんべー」と拒否するか、それは子どもの意思であり、親でも変えられません。

子どもに変わってほしいと思うなら、親が子どもが見習いたくなるような手本に、まずは変わることから始めましょう。

「お父さん、お母さんみたいな大人になりたい！」と思わせることです。親こそが自分の師匠だと心の中で思っていたら、自ら進んで、親の言うことを聞いたり、真似したりするようになります。

親を尊敬するまなざしがあってこそ、叱る言葉も子どもに届くんです。

子どもを叱ることとは、自分の人生と向き合うこと、と言ってもいいですね。

親が胸を張って自分の生き様を見せられているかどうか、子どもを叱る前に考えてみてほしいと思います。

# 「心の叫び」

もし、
あなたのお子さんに、
何か問題行動があるとしたら……

それは、
**お母さん（お父さん）！　幸せになってよ！**
**人生を楽しんでよ！　笑顔でいてよ！**
という心の叫びなのです。

たとえ、
あなたに暴言を吐いたとしても、
無視して口をきいてくれなかったとしても、

イライラした態度をぶつけてきたとしても、

お子さんの本心は、
お母さん（お父さん）！　愛してるよ！
幸せになって！　笑顔になって！
と叫んでいるのです。
自分を犠牲にしてまで、
あなたに気づかせようとしているのです。

さあ、あなたはどうしますか？
お子さんの本当の期待に応えますか？
それともお子さんを裏切りますか？

第2章

# 行動を変えてみる

## ――子どもをまるごと受けとめる秘訣

自分の行動は、なかなか客観的に見られません。

当たり前のようにしていることが多いからです。

でも、言葉を変えると、自然と体のいろんなところに

変化が生まれます。

いつもと違う表情になったり、いつもと違う筋肉を

使ったり、いつもと違う場所に行ったり……

言葉と行動は、互いに影響し合っているものです。

言葉と行動の変化は、親から子どもへ、

しっかりと伝わりますよ。

# 心の元気を奪わないでください

夏休み明けから不登校が始まった、高校1年生の男子生徒の話です。ある日突然、部屋に閉じこもってしまい、親とは顔も合わせず、声をかけても返事なし。そんな状況が、1年3か月も続きました。本人が「辞めたい」と言い出し、担任の先生とも相談の上、退学することになりました。学校を辞めた後もひきこもり状態が続き、悩んだお母さんが相談にみえました。

こうなった子どもにどう接するか考える前に、「なぜ、ひきこもるしかないのか？」を考えてみましょう。理由はさまざまですが、根っこには「傷つきたくない」という気持ちがあるはずです。子どもは、自分が傷つかずにいられる場所は、自分の部屋だけだと感じているのです。

孤独と恐怖で、心がとても疲れている、そんな状態のときに、

「ゲームばかりで夜ふかしするから朝起きられないのよ！」

「お母さんの言うこと聞かないからこんなことになるのよ！」（どちらも、過去の失敗を責める言葉）
「学校に行ってくれさえすれば私は幸せなのに……」（今の状態を責める言葉）
「このままで、将来どうするの？」（子どもの未来を心配する言葉）
「どうして学校行かないの？」「いつになったら学校行くの？」（子どもが答えられない質問）

こうした言葉を、不用意に投げかけていませんか？

たとえば、「あなたが学校に行ってくれさえすれば私は幸せなのに……」と言われた子どもは、「お母さんが不幸なのは僕のせいだ……」そう思い込み、ますますひきこもってしまうでしょう。

こういうときの子どもにとっては、「家が安心して、やすらげる場所」でなければなりません。家の中で十分に元気を充電できたときに、外に行くことができるのです。

家をどうぞ、安心して、やすらげる場所にしてあげてください。

# 子どもは〝普通〟じゃなくていい

「普通がいい」

「普通で十分」

「普通が一番」

多くの人が「普通であること」で安心します。

でも、中には、「普通はイヤだ」と感じる子どももいるのです。どうしてでしょうか？

かくいう私が、そういう子どもでした。

最初は「みんなと同じであること」「普通であること」を求めていたのですが、求めれば求めるほど、違和感に苛《さいな》まれる自分に気がつき、自分の居場所を見失いました。

大人になって初めて、自分は「普通が嫌いなのだ」ということに気づいたのです。

そのときは心底ほっとしました。

「もう、普通でいるのはやめよう！」「普通じゃなくてもいいんだ！」と思えたら、生きるのがずっとラクになったのです。

親にとっての普通が、子どもにとっても同じように「普通」だとは限りません。

こんな親御さんがいました。

「息子が学校に行かなかった半年間が、息子が生まれてからいちばん充実した日々でした。充実した時間というのは、楽しいだけではなく、人間らしい喜怒哀楽があり、自分の心に向き合う時間なんですね。心の使い方を教えてくれた息子に感謝です」と言う、このお母さんが起こした行動。それは、「学校、仕事をサボって遊びまくった。お金も使いまくった」こと。振り返ると、息子より、自分が一番悩んでいたし、弱っていたんだと冷静に認識できるまでになりました。

普通に考えたら、遊びまくったり、お金を使いまくったり……は、ほめられるべきことではなさそうです。でも、それをやったのです。

彼女はさらに言います。

「感情は、まわりに左右されて生み出されるものではなく、自分でコントロールし、自分は自らの思考で行動しているんだと知って、衝撃を覚えています。そして、その思考で行動することで、子育ても家庭も仕事も、親子の絆も、全ての人間関係が改善し始めています。世界一幸せな人生を感じて、人生を全うしたいし、またそれができるのではないかとイメージできちゃってる自分が怖いくらいです」

この親子はもう大丈夫。そう思いませんか？

## 「今」できないことは求めない

親が子どもに期待していることや、親が子どもに思い描いている子どもの未来像は、親の言葉や生き方を通して、子どもに〝すべて〟伝わっているんです。いわば、無言のメッセージ、ともいえますね。

それでは、親が思い描いている子どもの姿は、子どもが「今、できること」でしょうか？　ちょっと意地悪な質問ですが、このことをよく考えてみてほしいのです。

「学校に行ってほしい」
「進路を決めてほしい」
「将来について考えてほしい」

こういった願いは親なら当然ですね。

しかし、〝無言のメッセージ〟を受け取った子どもも同じように、
「学校に行きたい」

「◎◎高校（大学）に行きたい」

「将来◎◎になりたい」

と思っているでしょうか？

親の〝無言のメッセージ〟が、子どもの願望や現状にピタリと一致しているときはいいでしょう。子どもは親の期待通り一歩前に進み、自信をつけます。

問題は、親の〝無言のメッセージ〟が、子どもの願望や現状とミスマッチだったときです。こういう齟齬《そご》が生じると、子どもは自分にできないことを感じて、立ち尽くし、自信を失いかねません。

新年度と夏休み明けは、親が復学を期待してしまうために、いざ子どもが学校へ行けないと親が焦り、私の元へ問い合わせが多くなる傾向があります。

この時期、親は自分が子どものプレッシャーになってはいないか、言葉や行動にちょっぴり配慮してほしいと思うのです。

# ワクワクすることを見つけよう

ワクワクする気持ちは、子どもにとって、生活すべてに必要なエネルギーです。子どもが「やりたくなること＝ワクワクすること」を見つけてあげてください。そうすれば、放っておいても、自分から朝起きられるようになりますよ。

子どもが「(本当は行きたくないけど、仕方がないから)学校に行かなくちゃ」と思っているうちは、心から楽しむ気持ちではないので、エネルギーが足りていません。子どもが自分からすすんで「学校に行きたい！」と思うようになれば、間違いなく、ワクワクする気持ちが、子どもを動かすエンジンになっています。

それでは、子どもが学校をワクワクする場所に思えるようにするには、どうしたらいいでしょうか？

子どもが帰宅したら、「学校で何が楽しかった？」とたずねてみてください。楽しかったことを子どもと一緒に喜び、楽しんでください。親が楽しいことをたずねれば、子どもの楽しい記憶がさらに確かなものになるのです。

イヤなことがあったときも「何がイヤだったの？」とたずねます。そして、そのことを批判したり、評価したりはせず、ひたすら共感してください。

「えー、そうだったんだ。つらかったね。お母さんだったら泣いちゃうよ」

子どもが泣きたくても泣けなかったのなら、話を聞いたお母さんが代わりに泣いてあげてください。そして、

「そんなことがあったの⁉　それはひどいね。お母さんが今すぐ行って、けっとばしてやりたいよ！」

と、親がいつも子どもの味方であることを伝えて、子どもが怒りを吐き出せなかった代わりに、親が怒りを表現してあげてください。

イヤな気持ちや思い出も、親が共有することで、小さくなっていきます。親子で共有することで喜びは2倍に、つらさは半分になるのです。

# 子どもに自分がかけがえのない存在だと気づいてもらうには？

あなたの行動で、子どもを喜ばせたり、感動させられたら、どんな気持ちでしょう？　もちろん、嬉しいですよね？　幸せな気持ちになりますね？

子どもだって同じです。子どもが自分の言葉や行動で、親を喜ばせたり感動させられたりしたら、幸せな気持ちになります。

お互いを喜ばせ合うことで、「自己重要感（＝自分をかけがえのない、大切な存在だと感じる気持ち）」が高まります。

子どもが産まれたばかりのときのことを思い出してください。

にこっと笑っただけで、喜びいっぱいになりましたよね？

ひとことしゃべっただけで、感動したはずです。

ハイハイしただけでお祝いしましたよね？

子どもがそばにいるのが当たり前になると、ちょっとした成長の変化にも疎《うと》くなります。そうすると、小さな喜びの回数も減ってしまいます。

子どもは日々、成長し、変化しています。ぜひ、小さな成長に気づき、驚いてください。そして、喜んでください。

その変化に気づき、感動し、喜びを伝えられるのは、世界中であなただけなのです。

具体的にどうすればいいのでしょうか?

- アルバムを全部引っ張り出して、たくさんの写真の中から楽しい想い出の詰まった写真を10枚選び、リビングや玄関に飾りましょう。
- DVDを家族で鑑賞し、想い出を語り合いましょう。
- お子さんが作った作品や絵を引っ張り出してリビングや玄関に飾りましょう。

あるお母さんからのメールをご紹介します。

「いつも、息子は、私を苦しめると正直思っていました。

昨年の9月から学校に行けず、今年の1月から部屋に引きこもり、私たちがいない時だけ、リビングに降りてきていました。

早く家に帰ると殴られるので、なかなか家に帰れない日々が続きました。しかし、夫婦で息子を恨むことなく、ただいま、おやすみ、とドア越しで声をかけ、御飯を毎日欠かすことなく作り、（昼夜逆転しているため）夜中起きている息子がいるリビングで『話ししよ』と話しかけました（何を話すか夫婦でシュミレーションして）。ようやく、『ニキビが気になるんだ』という言葉が聞けました。

そこから、夕飯を一緒に食べてくれ、毎週外に出かけて、こんなに大きくなったんだな、と涙が出ました。生きてくれてありがとう。家族で出かけられるのがありがたい、公園で遊んだ後、泥の付いた靴を洗うのがこんなにありがたいとは、思わなかった。信じつづけてよかった。自己肯定感をあげてあげるのがこれからの課題です。ときには、言葉を誤り、部屋に行くことがあったりしても、流れに身を任せ、どんとこいの気持ちの持てる大きな母親になりたいです。今は、息子には私を成長させてくれて、ありがとうという気持ちです。今は幸せです」

親が諦めてはいけません。どんなに暗いトンネルでも、その先には光が見えてくることを信じてほしい。そう、思うのです。

# 子どもが反抗的でも味方になる

何を言っても、子どもが口ごたえする、反抗的な態度をとると、親も滅入ってしまいますね。八方ふさがりな状態は、本当につらいです。

そんなときでも、親ができることがあります。

それは子どもに対して、「親（あなた）が味方になること」です。

子どもが何をしても、何を言っても、すべて否定せずにいったん受けとめます。

無理難題を言ってきても、すぐに否定せず、少し考えてみます（考えるポーズをとるだけでもいいです）。それから、子どもの要求を受け入れられない理由を説明し、子どもの気持ちに共感しながら代案を伝えます。

**【会話例】**

子「おこづかい、3万円ちょうだい！」

**親**「おこづかい、3万円ほしいのね？（肯定）……でも、3万円は大金だから、ちょっと考えさせて（少し考える）。3万円はちょっと難しいわ」
**子**「えー、なんでー？」
**親**「あなたに3万円渡したら、今月の食費が足りなくなるもの（理由）」
**子**「えー、でもー……」
**親**「どうしても必要なの？」
**子**「……うん」
**親**「2千円だったらあげられるけど、どうする？」
**子**「じゃあ、千円でいいよ！」

子どもが親に反抗するのは、「自分を変えようとしている」と感じるからです。

親は子どもを変えなくていいんです。子どもは今のままで、最高にすばらしいということに気づいてくださいね。

ありのままの子どもを認めて、「この子と一緒に成長したい」という思いが子どもに伝われば、最高の親子関係になれます。

以前、学級崩壊したクラスを立て直すために担任の先生が代わったことで、不登校になったお子さん（女子生徒）の相談を受けたことがあります。その子は、新しい男性の担任の先生に恐怖心を抱いてしまったため、学校に行けなくなりました。同時に母親にとても反抗的な態度をとるため、お母さんも心が折れそうになっていました。

私は、反抗期と不登校を乗り切るために、このお母さんに次のようなアドバイスをしました。

1：まずはお母さんが元気でいること
2：お母さんが娘さんの味方でいること
3：お母さんが娘さんの最強の応援団になること
4：娘さんを変えようとしないこと
5：娘さんと一緒に毎日を楽しむこと

親がいつでも、子どもの心に寄り添っていれば、子どもも自分が抱く恐怖心（学校に行けない理由）を、何とか乗り越えようという気持ちになります。

# 自分と子どもの味方になる

あなたが子どもだったとします。

毎日毎日、「あれをしなさい！　これをしなさい！」とガミガミ言われ、何かすればすべてにケチをつけられ、うまくいってもひとこともほめられず、失敗すれば「それ、見たことか！」とあざ笑われたら……？

そんな親の言うことを聞きたくなるでしょうか？

答えは「ノー！」ですよね！

でも、子どもにとって、こんな態度の大人になってはいませんか？

もし、あなたがこんな親だったら、子どもにとっては「敵」でしかないでしょう。「敵」のアドバイスになんて、絶対に耳を傾けようとはしないでしょう。

あなたが子どもに話を聞いてもらうには、最初に子どもの「味方」になる必要があります。

Kさん、Mさん二人の親御さんからの体験報告をヒントにしてみてください。

**Kさん**

「今は学校に行けなくても大丈夫、道はちゃんと続いているよ！　お母さんはいつだってあなたの味方！　これからのあなたをすべて受けとめてあげられるか不安なところもあるけど、今のお母さんは少し自信があります。あなたの感性は素晴らしいものがある。ちゃんと自分の道を進んでいるよ、だから大丈夫！」

**Mさん**

「母である私が娘に振り回されることなく自分をしっかり持ち、元気で笑って過ごすことが娘の心の充電の足しに少しはなったのかな？　と思っています。

『お母さんおかしいよ。普通、親はそんなことしないし言わないよ』と娘に苦笑されることもありましたが、『これくらいでないと、あなたの親は務まらないの！』と笑い飛ばして過ごしています。

バイト先で新しい人間関係を築き、学校で先輩との交流もあり……きちんと自分で道を歩き始めた娘を今は見守っています。何かあったら全力でサポートする。絶対的な味方だからという思い。それだけ娘に伝わっていればいいなと思いながら。『笑顔、元気、感謝！』『大丈夫。きっとだいじょうぶ。なんとかなる』。毎日独り言のように自分に言い聞かせ過ごしている今日このごろです」

そして、このことはあなた自身にも言えること。

同じやり方で、自分で自分の味方になりましょう。間違っても、自分を責める「敵」にだけはなってはいけませんよ！

# 子どもの感情を全身で感じよう

子どもが不登校になると、親は「今日はどうだろう？」「明日は大丈夫だろうか？」と心配になります。いつのまにか子どもの顔色をうかがうようになり、腫れ物に触るようになってしまいます。

そんなときは、こう、自分に問いかけてください。

「子どもの心（感情）に興味はありますか？」と。

子どもは今、喜んでいるのでしょうか？
悲しんでいるのでしょうか？
悔しいのでしょうか？
嬉しいのでしょうか？
寂しいのでしょうか？
怒っているのでしょうか？

子どもが楽しそうにしていたら、「楽しそうだけど、何があったの？」とたずねてみましょう。

子どもが悲しそうにしていたら、「悲しそうに見えるけど、何があったの？」とたずねてみましょう。

そして子どもが何か話し始めてくれたら、一生懸命話を聴いてあげてください。もし、「別に……」とか、そっけない態度なら、それはそれでいいのです。

「あなた（子ども）の感じていることに、私（親）は興味を示しているんだよ」ということを行動で伝えることが、一番大事なことです。

ご機嫌をうかがうような態度では、子どもを知ることはできませんし、むしろ距離を置いていることになります。心配している風を装いながら、本気の関わり合いを避けているんですね。

本当に心配なら、目の前にいる子どもが、「今、まさに何を感じているか」を、親が全身全霊で感じ取る時間を、1日5分でもいいから持つようにしてください。

# 失敗するチャンスを与えてください

成績優秀で、周囲からの期待を一心に受けて受験勉強に励んでいた小6の女の子。塾で自分より下のクラスの同級生にテストで負けたことがきっかけで、塾への行きしぶりや不登校が始まってしまいました。一時、お母さんは受験そのものをやめさせようともしましたが、何とか勉強を継続できたこともあり、実力よりも低いところになりましたが、無事受験に合格。娘さんは当初暴言を吐いたりと荒れたのですが、最終的には結果に納得して、合格した中学への進学に意欲を見せるようになりました。

受験後、「私、えらい？」とお母さんにたずねることがあったそうです。そんなときお母さんは「えらいよ。頑張っているよね」と答えたとのこと。そうすると、ほっとしたような表情を見せて、笑顔で話すようになりました。

このお母さんの当面の心配事は、「あとわずかとなった小学校生活を中途半端に終わらせるのはよくないのではないか？」「こんなかたちで中学に進学しても、ちゃんとやっていけるのか？」ということでした。

この相談を受けたとき、私は、このお母さんは、すごく頑張って娘さんを支えていると感じました。もし足りないことを補うとするなら、それは、子どもへの「信頼」です。このお母さんは「心配」はしていますが、子どもを心から「信頼」しきれていないのではないかと感じたのです。

心理学的には、「心配は失敗を期待するのと同じ」です。親が子どもを心配するほどに、子どもは「親は（私・僕が）失敗すると思っている」と感じてしまうのです。

このお母さんは、娘さんが卒業式も出ないで小学校を終わらせて、中学でもまた不登校が始まるのではないかと〝心配（＝期待）している〟ともとれるわけですね。

親なら1日1度は、「◎◎ちゃんが△△すると心配だから……」と、言ったり思ったりすることがありますね。でも、「◎◎ちゃんが△△するのを期待しているから……」と言い換えたら、どうでしょう？　ちょっと背筋が寒くなりませんか？

これからは、すべての「心配」を「信頼」に変えましょう。そのためには、子どもが自分で「やる！」と言ったことに対して、四の五の言わず、応援することです。

人生経験が豊富な親からしたら、子どもの失敗が目にあまることもあるかもしれません。でも、自分の経験を語るくらいのアドバイスに留めて、見守るのです。

人は失敗からしか学べません。どうか、子どもに学ぶチャンス（失敗する機会）を与えてください。子どもが成長するには、失敗や後悔が欠かせないのです。

大きな失敗をしないコツは、小さな失敗をたくさんすることです。そのためにも、少し子どもを放っておいて、いろんなことにどんどんチャレンジさせましょう。

子どもが痛い目に遭うのが見ていられないから……と、親が先回りしてあれこれお膳立てするのは、長い目で見たら、子どものためにはなりません。失敗のチャンスを、親が摘んでいるのですから。

子どもが失敗して落ち込んだら……？

そのときは、じっくり話を聴いてあげましょう。しっかり体を寄せ合って、励まして、子どもの心に共感します。そして、一緒に泣いて、笑って、親子で成長するチャンスにする。そうしたら、親子の絆も信頼も、さらに強まりますよ。

# この世は楽しいところだと教えましょう

小4の頃から不登校になった中学3年生の娘さんがいるお母さんが、私に相談のメールを寄せました。「娘から『生きているのがつらい』『死にたい』と言われて、それがつらいのです」と。

お母さん曰く、この娘さんは保育園の頃から集団行動が苦手だったとのこと。また、同居しているお姑さん、小姑とのストレスから子どもに厳しく当たることもあり、娘に十分な愛情をかけてこられなかったと後悔をしているようでした。

私はまず、「子どもに愛情をかけてこなかった」というのは親の思い込みでしかないことをお伝えしました。「義理の家族とのストレスを抱えながら、必死で子育てしてきた自分を認めてあげてください」ともお伝えしました。

この娘さんはきっと「私は愛されていない」「私は必要とされていない」という不安の中にいるのでしょう。そして、お母さんも同じような寂しさや孤独を感じていらっしゃるのだと思います。

娘さんはその後、広汎性発達障害と診断されたと聞きましたが、病名にとらわれて、お母さんがますます娘さんの現在や将来に悲観的になることを、私は心配しました。私が受けてきたたくさんの相談事例に基づいた一意見ではありますが、子どもの精神的な状態は、一時的なものであることも多いからです。

娘さんの「生きているのがつらい」「死にたい」という言葉は、「楽しく生きたい」「もっと生きたい」という気持ちの現れです。だから希望があるんです。それはこのお母さんにも言えることでしょう。お母さんが感じる孤独と不安は、家族で楽しく、安心して暮らしたいという気持ちの現れです。

でも、それをこれから実現するのは、不可能ではありません。ちょっとだけ、行動を起こしてみましょう。

「子どもに愛情をかけてこなかった」と感じたのであれば、これからたっぷりと愛情をかければいい。今からでもぜんぜん、遅くはありません。

「……何がつらいのか、お母さんに聞かせてくれるかな？」と娘さんをしっかり見つめて話しかけてもいいでしょう。

あるいは、「お母さんね、◎◎ちゃんとこうしてごはん食べているだけで幸せなの」と言ってもいいでしょう。娘さんに「自分は愛されている」「自分は必要とされている」という実感を、お母さんのアクションで感じさせてあげるんです。そうしたら、お母さんも少しずつ、幸せな気持ちになっていきますよ。

こういう親御さんもいらっしゃいました。

「不登校中の中1男子です。不登校になりたては朝暴れたり祖父母と怒鳴《どな》り合い、「死にたい、自分なんてどうでもいい」発言があり、昼も夜も気が休まることがありませんでした。祖父母に責められている息子を、「この子は大丈夫だから、もう責めないでくれ」と抱きしめて泣きながら祖父母に訴えたこともあり、本当につらい日々でした。

とにかく息子のすべてを受け入れ、自己肯定感をあげるよう息子の話をたくさん聴きました。

そして不登校になってから5か月目、息子は学校に通い始めました。あまり期待をしすぎず、普通に接しましたが、心の中は早い春がきたようで、本当に待ち望んだ瞬間でした。普通に登校できるようになったとしても、聴いて話してを繰り返し、今までの母親に戻らないように努めたいと思います」

生きる価値のない存在など、この世には1つもありません。

そのことがわかれば、お子さんにも、この世が生きるに値する世界であることがわかるはずです。

# いくつの子どもでも思いきりハグする

「もう高校生の息子に、どうスキンシップをとっていいかわからない」

こんな相談を受けることもよくあります。

たとえ、子どもが異性であろうが、自分より背が高くて体が大きかろうが、お母さんがムギュッ！　としたければ、ぜひ、そうしてください。

お子さんに「ねえ、ハグさせて！」とお願いして、ハグしてください。

条件付きで、お願いしてみるのもアリですね。

どうしても「イヤ！」と言われたら、後ろから不意打ちでもいいと思いますよ。

そうすることで、子どもへの愛情を伝えられるなら、ためらわずにするべきです。

肌がふれあう温もり、安心、安らぎは、言葉で伝えるよりも何倍もの愛情を伝えてくれます。スキンシップは確かなものなんです。

言葉には「誤解」が生まれやすいですが、愛情あふれるスキンシップには、誤解があまり生まれません。

お母さんは、ハグ上手になりましょうね。
お子さんが大好きなら、自信をもって、ムギュッ！　としてください。
たとえ最初はイヤがっていても、すぐに慣れていくものですよ。
だって、愛する人からの温かなハグは、誰もが求めているものなんですから！

# 不登校だった子が学校に行き始めたとき、どう接すればいい？

しばらく不登校が続いた後、久しぶりに登校する日もあるでしょう。そんなときは、子どもにどう接したらいいのでしょうか？

100ページでも触れましたが、ついつい、子どもの顔色をうかがうような態度になっていませんか？

子どもが学校に行けた、行けないで親が右往左往すると、子どもには大きなストレスになります。

久々の登校のときも、何事もなかったかのように接してください。

子どもの一挙手一投足を気にするよりも、お父さん、お母さんは、自分の人生をしっかり生きることに集中してください。

……というか、親が自分の仕事や関心事に集中していたら、子どものことで一喜一憂していられなくなりますよ。お父さんお母さんは、親である以外にも、仕事や暮らしていろんな責任を果たしているのですから、子どものことばかり24時間考えてなんていられないですね。だからといって、育児放棄しているわけではないですし、無関心で愛情がないということでもないのです。

親は子どものお手本です。親は子どもの未来の姿なんです。

親が楽しんだり、頑張っている姿を子どもに見せましょう。仕事の話を聞かせるのもいいですね。仕事の苦労話、仕事のやりがいなど、話しましょう。大事にしている趣味の話、ＰＴＡの役割のことなどでもいいです。親が励んでいるいろんな話は、学校の授業以上に子どもにとって得るものが、きっとあるはずです。

子どもが不登校であろうが、久々の登校であろうが、お父さん、お母さんは、いつも通りの自分の日常を生きることです。

## Message for you

…親がへこんだときに

**今日も一日頑張りました。**

**私はわたしを許します。**

**私は今の自分をすべて受け入れます**

寝る前や落ち込んだとき、
この言葉を自分に言ってあげましょう。
同じ意味が込められていたら、
ほかの言葉でもかまいません。

1

「なんで行けないの？」と問いかけるだけじゃなく、
ちょっと想像してみましょう。
学校に行けない子は、すごく脅えています。
そして、家の外が怖いと感じています。
学校、先生、友だちがすべて
「自分の敵」
「自分を傷つけるもの」
だったとしたら？
そういう世界の真ん中でうずくまっている自分を
想像してみましょう。

2

真っ暗闇の中に自分とお父さん、お母さんだけがいる……

不登校でほぼ引きこもり状態のお子さんにとっては、全世界が自分と親しかいない。

そんな状況で、親から言われる言葉がどれほど大きなものか…、想像してほしい。

今まで親から言われた言葉が頭の中で何度も何度もぐるぐる繰り返す。

目を閉じても耳を塞いでも……。

だからこそ私たち親が言うこと、やること、すべてが

子どもにどんな感情をもたらすか、慎重に考えなくてはなりません。

3

「本当は学校になんか行きたくない……」

それがお子さんの本心だと思います。

「でも、お母さん、お父さんは学校に行ってほしいと思ってるし、学校行かないと将来大変だって言うし……」

「けど、あんなつらい目に遭うのはもう絶対にイヤなんだ……」

それでも心優しいお子さんはあなたのために「本当は学校行きたい」って言うのです。

でもどうしても行けないから、苦しいんです。

今までに親、先生、友だちから言われた言葉も、しっかりと心に刻み込んでいます。

けっして、何にも感じていないわけではありません。

むしろ、いろんな事を感じすぎてしまうから、そして、優しさのあまり自分の想いよりも相手の想いを優先してしまうから、ますます苦しくなってしまうのです。

4

「お子さんが選べる道」は、1つだけでしょうか？
そんなことはないですよね。
もし「学校に行くこと」だけが答えだったら、つらいです。
そうじゃない答えも、きっとあるはず。
いろんな答えを、子どもと一緒に考えてみてください。

第3章

# 人間関係を変えてみる

## ――他人《ひと》も自分も責めないでください

子どもの成長とともに、人間関係も変わります。

人間関係の広がりには新鮮さと楽しさがある一方で、

トラブルや悩みの原因にもなります。

でも、学齢期の子どもがいる以上、学校や先生、

同級生やその保護者たちとのかかわりあいは

ずっとついてきます。

子どもが不登校などの問題を抱えたとき、

周囲とはどのようにつきあっていけば

いいのでしょうか?

## 「お父さんは素晴らしい人」だと伝えましょう

母子家庭のお母さんから、朝起きられない息子さんのことで相談を受けました。

バスケ部のコーチに何か言われたことが発端のようなのですが、決定的な原因はわかりません。行きたい気持ちはあるものの体がついていかないとのことでした。週末はお母さんと映画を見たり、本屋に行ったりしますが、外出先で知り合いに会ったりするのはとてもイヤがるのだそうです。

母子家庭のお母さんは、子育てや暮らしのすべてを1人で背負っています。そのバイタリティー、精神力には、いつも頭が下がる思いです。

ただね、たまには、誰かに頼ったり、肩の荷をおろしたりしてもいいんです。

いろんなご事情で母子家庭になられたはずですから、「父親のことなんて思い出したくもない、ましてや口に出すなんてもってのほか！」と思われる方もいるでしょう。

でも、子どもが弱っているときには、父親のいい思い出、父親のいいところを、子どもに聞かせてあげてください。もし可能なら「お父さんは素晴らしい人だった」と教えてあげてほしいんです。

間違っても、子どもに父親の悪口は言わないでくださいね。父親の悪口を言うのは、お子さんの半分を悪く言うのと同じです。父親をほめるのは、子どもの半分をほめることです。

元夫の悪口を言うのは、口のかたい友だちだけにしてください。

ずっと１人で張りつめて生きてきたお母さんには、難しいことかもしれません。でも、父親の素晴らしさを知れば、子どもは自分に自信が持てるんです。こんなときこそ、不在の父親を活用しましょう。それはあなたのためではなく、子どものために必要なことです。

## マイナスエネルギーの人に負けないこと

子どもの不登校だけではなく、自分の親の問題まで抱え込んでいるお母さんも少なくありません。とくに、母娘問題は、根が深いのです。

お母さん自身が、自分の母親から自由になれないと、そのストレスが子どもにも影響します。

私に相談を寄せてくれたAさん。

家購入と同時に実母と同居を始めたものの、娘さんが中学入学後に不登校になりました（原因はいじめのトラブルに関わってしまったことへの自己嫌悪のようです）。加えて、Aさん自身が厳格で過保護な家庭で育ったこともあり、実母との同居で、子ども時代のトラウマまでよみがえってしまったのだそうです。実母は精神的に不安定でうつの症状があり、同居後に精神科の通院を続けています。

娘は月に2、3回は学校に行くこともあり、勉強以外の習い事には意欲的で、それだけは救いのようです。

ただ、娘の不安定な精神状態、加えて高齢の実母のうつに直面して、Ａさん自身は不安でいっぱいの状態でした。

実の親と同居するのは悪いことではありません。

でも、同居がうまくいく条件は、「親子が物理的、金銭的、精神的に干渉しない場合のみ」です。

私は精神科医ではないので専門的なアドバイスはできませんが、一般的にうつ症状の人への接し方は簡単ではありません。また、Ａさん自身が、実母が引き金となってトラウマがよみがえるのなら、距離を置いたほうがなおさらいいはずです。

私はＡさんに、「自分の人生を生きてください」とアドバイスしました。「実母と暮らしたからといって、あなたにできることはそんなにありませんよ」「もしできるなら、実母と別居する選択肢の可能性を探ってみてはどうですか？」とも言いました。

なぜなら、実母のうつはＡさんの問題ではないからです。まずはＡさんが実母から自由になることで、娘さんも自由になれるのです。

親子関係というのはとても複雑で、一概には言えないのですが、同居していても子ども側の意識が変わることで改善した、こういうケースもありました。

中2の息子さんが年明けの三学期からいきなり、朝起きると気持ち悪い、腹痛などで二時間目、三時間目から遅れて登校したり、朝から休むようになりました。たまに朝から登校できても、翌日からは休む、そのまま行けなくて土日を迎える、というパターン。家にいるときは明るく、優しく、家が大好きな子だそうです。

追いつめたらいけない、これもありだ、と思いながらも焦りだしたお母さん。「明日は登校できるかな」と期待し、そして朝がくると『気持ち悪い。休みたい』という息子の言葉に「またダメか」という残念な気持ちを振り払いながら仕事を続けていました。家では、明るく振る舞いながらもくたくたで、外で自転車をこぐ中学生を見ては切なくなり、1人になると勝手に涙があふれてくる毎日でした。

そんな折、拙著『不登校から脱け出すたった1つの方法』を読んで、「同居している実母（77歳、何かと干渉し、口うるさいタイプ）をウザく思い、じゃまにしたりしていた私の悪いクセに気付かされました」とご連絡をくださいました。

そこには、こう書かれていました。

「私は、息子を責めず、すべてを認めていました。高校中退の私もちゃんと生きているので、高校行かなくても大丈夫だ、と話していましたが、息子は、私の母に対する悪口や愚痴を聞かされていたんだ、と、愕然《がくぜん》としました。深く反省しております。もう、怖いものも不安も恐れもありません。勇気と希望と愛を思い出させていただきました。心から感謝いたします」

自分が何かに気づいたとき、そこから新しい世界が見え始めるという典型的な例でした。

# 理解してくれない祖父母との付き合い方とは？

「なぜ、学校に行かないの？　ダメな子だね」

「そろそろ学年が変わるのだから、学校に行かせたら？」

こんな言葉を祖父母から言われてつらくなる親も多いです。

心配する気持ちはわかるものの、こう言われると、つらいですよね。とくにお母さんはプレッシャーを感じてしまいます。

そんなときは、理解してもらうということを、諦めてしまいましょう。

不登校のつらさは、当事者にならないとわかりません。

そもそもたいていの人は、自分が体験していないことは理解できないのです。ですから、孫の不登校が理解できない祖父母に怒りや失望を感じるのではなく、許してあげてほしいのです。

ただ、言いたいことは言わないといけません。そのために、やってほしいこと、やってほしくないことははっきりと伝えましょう。


「◎◎してもらえると助かります。△△なので」

「◎◎されると、△△な気持ちになるので、つらいです」

「◎◎されるとこういう気持ちになります。だから△△してください」

「◎◎だから、△△しないでください」

「◎◎してもらえると、私も○○ちゃんも助かります」


祖父母も不安なんです。ちゃんと理由を添えて、お願いしましょう。

一度や二度伝えたところで、なかなか改善しないこともあります。それが普通です。

ふだんから、自分が心がけている子どもへの接し方についても丁寧に教えながら、祖父母が改善するまで、根気よく、粘り強くお願いし続けましょう。

# きつく言う祖父母から子どもを守る

親を通り越して、祖父母が子どもに不登校のことをあれこれ言ってくるケースもあります。そのことで、孫と祖父母の関係がぎくしゃくしてしまうこともあるんです。祖父母が実の両親か義理の両親か、同居しているか、遠方に住んでいるかなどで、対処の仕方もさまざまです。

１つだけ心得ておいていただきたいのは、ほとんどの場合が、孫を心配するからこその干渉なのだということです。


「なんで学校行けないの？」

「いじめられてるの？」

「学校行かないと（勉強しないと）ろくな人間になれないよ」

「学校行かないと就職できないよ」

「行かないと怠けぐせがつくよ」

「病院行ったほうがいいよ」

など、

「このタイミングでそれを言ってほしくないな」

「なんで、こんなわかりきったことを、あえて言ってくるのかな」

とか、不満や不平はいろいろあるでしょう。でもそこはぐっとこらえて、心配してくれることにまずは感謝するようにしましょう。

もし、子どもが祖父母の愚痴や悪口を言うようなら、

「そうなんだ、そういうことがあったんだね……」

とまずはじっくりと耳を傾け、受けとめてください。

もし、祖父母が孫を叱って険悪な状態になったら、親が間に入ることも大事です。たとえ子どもが悪かったとしても、状況次第では、いったんは子どもをかばってあげてください（誰も味方にいないと逃げ場がなくなり、子どももつらくなりますから）。

そして子どもが少し機嫌のいいときに、祖父母が孫をどれだけ気にかけているか、

大事に思っているかを、伝えましょう。できれば、いい思い出話とともに伝えると効果的ですね。

「おばあちゃんは、◎◎君が産まれたとき、泣いて喜んでいたよ」

「◎◎ちゃんに会うたびに、かわいいね、かわいいねって、何度も言ってたよ」

子どもに愛情を注いでいるのは、親だけじゃありませんよね。

祖父母がいるからこそ、親が存在し、自分がいるのです。そのことに気づかせてあげれば、自分がひとりではないこと、愛されている大事な命であることが、子どもにも伝わるはずです。

# 周囲の人間を味方につける「相談ノート」の作り方

人間関係は、生きている限りついてまわります。

人はひとりでは生きていけませんから、仕方がないですね！

イヤな人間関係を経験したら、ひとつ感謝しましょう。自分の苦手な人はどんな人か、どんな場所や雰囲気か、その傾向を教えてくれたのです。次に似たような人や状況に遭遇したときに、自分を守ることができるでしょう。

「自分を相手の立場に置き換えてみる」という想像力も大事ですね。

どんなにイヤな人間でも、「もし、私があの人の立場なら……」と考えてみると、少し共感できる部分も見えてきたりします（感情がたかぶっているときではなく、少し気持ちが落ち着いているときに、やってみてください）。

人にはそれぞれ、立場があります。みんな自分が大事で、自分が一番かわいい。

そう考えたら、あなたも自分を大事にしたいと、自然に思えてくるはずです。

私は人間関係の悩みを解消する方法として、「相談ノート」を提案しています。「相談ノート」は拙著『不登校から脱け出すたった1つの方法』にも掲載しましたが、作り方は簡単なので、ぜひ試してみてください。

**用意するもの** A4かB5のノート。

- ノートの表紙に「相談ノート」と大きく書きます。
- 1ページ目の一番上に「聞きたいことリスト」と書いてください。
- 5ページ目の一番上に「言いたいことリスト」と書いてください。
- 9ページ目の一番上に「相談者リスト」と書いてください。
- 13ページ目の一番上に「相談メモ」と書いてください。

①「聞きたいことリスト」に、あなたが聞いてみたいことを書きます。「聞きたいこと」だけをどんどん書いてください。「誰に？」とかは考えずに。
②「言いたいことリスト」に言いたいことを書きます。悪口でも文句でもＯＫ。
③「相談者リスト」に、相談できそうな人や機関の名前と電話番号を書きます。

電話がわからなければ名前だけでもOK。とにかく問題や悩みに関係ありそうな人やところを思いつくだけ書いてください。※教育委員会などは、お守り代わりに一番上に書いておくといいでしょう。

④「相談者リスト」の中から、いちばん相談しやすい相手を選んで相談します。その際、できるだけ他人の悪口は言わないように。人は、悪口を言う人のことを「手助けしたくない」と思うからです。そして、最後に「あなただったら誰に相談しますか」と聞いて、その人のことも相談者リストに追加します。

⑤相談することに慣れてきたら、学校の先生に相談しましょう。先生から「相談ノート」が見えるようにして、メモしながら聴いてください。真剣さが伝わるからです。最後に「先生だったら誰に相談しますか」「もっと深刻になったら誰に相談すればいいと思いますか？」などと聞いて、相談者リストに加えます。

⑥相談を繰り返すことで、「相談者リスト」も増えていきます。そして、何を聞きたいか、何を言いたいか、よりハッキリしてくるはずです。

世の中の問題の9割は人間関係が原因でしょう。ですが、問題を解決する方法もまた、９割が人間関係なのです。相談ノートから作られる人間関係の糸は、最初は細くてもやがて太いロープとなり、あなたを支えてくれることと思います。

出会う人すべてを自分の味方につけてしまう、という方法もありますよ。

それは、希望的観測でのみ、相手を受けとめるということ。

「あんなこと言ったのは、きっと仕事がうまくいってなくて疲れているからだよ！」

「あの人は苦手だけど、毎日会うわけじゃないし、ま、いっか！」

イヤな人間はどこにでもいるものです。でも、いいことだけでとらえるようにすれば、少しずつ減っていくのですよ！

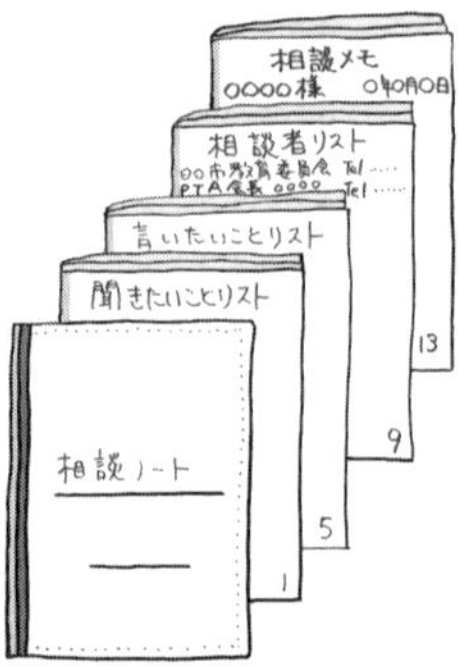

# 担任の先生との関わり方のコツ

「先生や学校がきちんと対応してくれなくて頭にくる」

「担任の先生が頼りない」

結局、だれも助けがいない、一人ぼっち!!　そんな風に感じているなら、これからお伝えすることはきっとお役に立つと思います。


それは、「人は好きな相手のためなら一生懸命になる」ということです。

これは、先生だけでなく夫や妻、子どもにも言えることですが……。

さて、先生には、次の順で接してみてください。

①先生に尊敬や感謝の気持ちを伝える。先生だって人間。感謝されれば嬉しいです。
②先生の立場や努力、苦労を理解してあげましょう。

③先生とよい関係ができてきたら、こちらの事情や気持ちを伝えます。意見や要望は一度、紙に書いて読み返すこと。言葉にする前に自分が同じことを言われたら、どんな気持ちがするかを確認してください。

④先生と頻繁《ひんぱん》に連絡を取り合う。会う頻度が多いほど、親近感が湧きます。

あなたの言葉や行動が、やがてあなたにそのまま返ってくることを決して忘れないでください。先生に言ったように、先生にやったように、あなたにも返ってくるものです。すべての人間関係がそうであるように。

とはいえ、どうしても動いてくれない先生や、子どもの心を理解できない先生がいるのも事実です。そういうときはぜひ、前項の「相談ノート」を利用して、あなたのこころと環境を整理してくださいね。

# 同級生の親たちとの関わり方のコツ

心配のつもりで状況を聞かれるのがつらい。

あんまり家のことは話したくない。

逆に、何にも聞かれないのが、気を遣われているようでつらい。

子どもは不登校なのに、学校の行事に関わらなくてはいけないのがしんどい……とか、いろいろありそうです。

ＰＴＡ活動が苦痛、ママ友との付き合いが負担というご相談もたびたびお受けします。

このご相談に対して私は、ＰＴＡ活動やママ友とのお付き合いが、あなたにとって負担でないなら、あなたに元気（エネルギー）を与えてくれるなら、どんどんやりましょう！

逆に、PTA活動やママ友とのお付き合いが、あなたにとって負担なら今すぐやめましょう！　とアドバイスしています。

なぜなら、あなたにとって負担になる活動は、あなたの元気（エネルギー）を奪うだけではなく、ひいてはお子さんの元気を奪うことになるからです（その理由はもうお分かりですよね！）。

とはいえ、

「PTA活動や役員を断りづらい……」

「ママ友の誘いを断ったら情報が入ってこない。あるいは、面倒なことになりそう」

という不安もあるかもしれませんね。

しかし、最近は「PTAは任意活動」だという認識も広まってきています。気が進まず中途半端に関わるくらいならいっそ、

「申し訳ありません。家庭の事情（あるいは健康上の理由）でPTA活動には参加できません」

と宣言してしまったほうが、相手にも余計な期待を持たせずにすむかもしれません。

また、ママ友とのお付き合いでも、

「ゴメンナサイ、今、家庭の事情（あるいは健康上の理由）で参加できないんです」

（改善したら参加したいと思うなら）「状況が変わったら参加させてください」

もし、事情の詳細を聞かれたら、

「ゴメンナサイ、今は詳しくお話しできなくて。状況が変わったらお話ししますね」


学校の情報が入ってこない……と不安なら、右記の話のあと、「発言はできないけどＬＩＮＥグループにだけは参加させてください」とお願いしてもいいかもしれません。ただ、基本的に必要な情報は学校から得られるので、担任との関係が悪くなければ、月に１～２回、電話するか、プリント等を郵送してもらってもいいでしょう。

ともあれ、大切なのは、あなたが普段からお子さんに元気を与えられるように、言い換えれば、お子さんに余計な心配をかけないように、あなたの心の負担になることを減らしておくことです。

そして、空いた時間をあなた自身を元気にする活動に使いましょう！

# 友達が不登校になったときは…

## ●子どもの友達が不登校になったら(子ども同士)

お子さんの友達や同級生が不登校になってしまったときは、基本的にはお子さん自身に任せましょう。

もし、お子さんから相談された場合は、意見やアドバイスは心にしまっておいて、まずはお子さんの話をしっかり聴きましょう。

大切なお友達や同級生が不登校になったことで、お子さんも心を痛めているかもしれません。お子さんの痛みに寄り添いながら、何ができるか一緒に考えてあげましょう。

お子さんが、あるいはお子さんと一緒に、不登校の子に接触を図ろうとする場合は、あらかじめ親御さんや先生に相談することをおすすめします。なぜなら、不用意な接触は不登校のお子さんや親御さんにとってプレッシャーになってしまう場合があるからです。

もし、不登校になったお子さんが、イジメや暴力・虐待を受けている場合は、即、警察と児童相談所に通報してください。確証が得られないウワサ程度の情報だったとしても念のため、児童相談所には通報しておきましょう。

学校に通報するかどうかは児童相談所に聞いてからにしてください。

なぜなら、児童相談所は子どもを守る専門家ですが、学校、教師は勉強を教える専門家ではありますが、子どもを守る専門家ではないからです。

## ●友人・知人が不登校で悩んでいたら（親同士の場合）

自分が不登校で悩んでいることを、どなたかが聞きつけて、「実は私もうちの子が不登校で……」と相談を持ちかけられたらどうしますか？

もし、あなたが負担でなければ、相談に乗ってあげてもいいと思います。

話を聴いてもらえるだけでも救われることはあなたもご存じですよね。

でも、「ちょっとあの人苦手」とか、「今そんな気分じゃない」ってときは、本（たとえば、本書や私の既刊など）を渡しましょう。言葉はいりません。

# ちょっぴり切ない魔法の手紙ワーク

想像してください……。

絶海の孤島にあなたは住んでいます。そこに、突然隕石が降ってくるというニュースが入りました。残念ながら、もう逃げ出すことはできません。残された時間で、大切な方へ想いを残し、燃えない容器に密封しましょう。

あなたは〝大切な誰〟に想いを残しますか？

あなたの最後の手紙……魔法の手紙ワークのやり方はこうです。

用意するもの　便箋数枚、封筒、切手、ペン

1：封筒に宛名、住所、郵便番号を書く
2：便箋に大切な方への想いを書く
3：便箋を折って封筒に入れ、封をする

## 4：必要な切手を貼る
## 5：ポストに投函する

以前、魔法の手紙についてご相談がありました。

Iさんは魔法の手紙をお子さんに送りましたが、お子さんは読まずに破り捨てたのです。Iさんはとてもショックでした。

私は、その破り捨てられた手紙をどうしましたか？　とIさんに聞きました。

Iさんは捨てたとのことでした。

もったいない！　そんな貴重な面白い体験、なかなかできないのだから、取っておけば良かったのに！　と私は言いました。Iさんは「え〜っ！」と驚いていました。

破り捨てられた手紙を全部かき集め、セロハンテープで張り合わせて復元し大切に保管しておくんです。そして、お子さんの結婚披露宴で手紙の由来とともに読み上げるのです。

あるいはスクリーンに映し出すのです。きっと素敵なサプライズ余興になりますよ。

Iさんは、「そっか〜、もったいないことした！」と笑っていました。

あなたももしかすると、書いていただいた魔法の手紙、読んでくれるかな〜、捨てられたらどうしよう……って怖いですよね。


ここで、ちょっと考えてみてください。

あなたが書いた手紙、愛のこもった手紙、まさにあなたの愛がお子さんの元へ行くわけです。

しかし、手紙を読むか読まないかを決めるのはお子さんです。お子さんの自由です。

お子さんが読んでくれて愛が届いてお子さんが元気になってくれたらラッキーですよね！

お子さんがこんなものいらない！　と言って破り捨てたとしてもラッキーなんですよ！　だって、将来お子さんに聴かせてあげる話のネタができたわけですから。

結婚披露宴で手紙とエピソードを披露したらきっとお子さんもあなたも号泣だと思いますよ！　つまりお子さんが手紙を読んでも破り捨てても、どっちに転んでもハッピーなのです！

この思考の違いわかりますか？

このように自分に都合のいいように思考することも私たちには可能です。
手紙を破り捨てられたら拒絶されたようでショック……という考え方。
手紙を破り捨てられても話のネタができたと喜ぶ……という考え方。
どう思考し、どんな感情で生きるのか、決めるのはあなたです。

## Message for you
### …月や星も悪くない

無理して太陽になるのは

やめちゃいましょう。

そして月や星になるんです。

大切なのは

強く輝くことではありません。

あなたらしく輝くことです。

たとえ、静かな光でも

お子さんを照らし

導くことはできるのですから。

第4章

# こころの習慣を変えてみる

## ——心配よりも悩むよりも、すべきことがある

毎日、当たり前のようにやっていることって、何がありますか？

それがなくなると困りますか？

困るとしたら、何が困るでしょうか？

一度手放してみると、「必要なかった！」

「大切じゃなかった！」と気づくことって

けっこうあります。子どもとの関係が膠着状態で、

イライラしたり、モヤモヤしたりするなら、一度、

子育ての「当たり前の習慣」を見直してみましょう。

# もう一度、子育てをやり直す

「子育てをもう一度、イチからやり直せたら……」

子どものことで悩んだことがある親なら、誰でも一度や二度は、こう思ったことがあるはずです。

しかし、そう思った瞬間、「今さら無理だよね？」と、肩を落としていませんか？

でもね、子育てのやり直しは、いつでもできるんですよ！　たとえお子さんが、5歳でも、10歳でも、15歳でも。そして、20歳、30歳、40歳でも大丈夫なんです。

なぜだと思いますか？

それは、「人は何歳になっても成長できるから」なのです。

教育や学びの基本は、「真似ること」です。だから、あなたが子どもにお手本を見せればいいのですよ。

「今さらうちの子が、私の真似をするなんて思えない……」

「息子とは会話もないのに、どうやって……？」

こんな声が聞こえてきそうですね。

人間は意思がないと動けませんから、子どもが自ら「親から学びたい」と思わなければ、真似なんてしてくれません。

だったら、「お父さんとお母さんみたいになりたい！」と子どもに思わせればいいのですよね？　そのためにできることは、何があるでしょうか？

たとえば、今日から今すぐできることには、こんなことがあると思います。

- ごはんをおいしそうに食べる
- よく笑う
- おしゃれをする
- しばらくやっていなかった趣味に着手する

どうでしょう？　そんなに難しくはないですね？

こういったことに慣れてきたら、自分に向けてやっていたことを、家族にも向けてみます。

- 家族にやさしい言葉をかける

・いつもよりていねいに、子どもや夫の名前を呼ぶ
・記念日じゃないけど、食後のデザートにホールケーキを用意して家族で食べる

こういうことを積み重ねていくと、ちょっぴり楽しくなってきませんか？　実際、気持ちよくなってくるものなんですよ！

そうすると、子どもが親を見る目も変わってきます。楽しそうにしている人のそばには近づきたくなりますし、話もしたくなるからです。

子育てをやり直したくなったら……いったんこのように、子どもへ向けていた視線を自分に向けることですね。そうすることで、子どもがあなたのことを見てくれるようになります。そうしたら、会話も生まれますし、コミュニケーションもとれるようになっていきます。

そのときもう一度、自分が子育てをイチからやり直したいかどうか、考えてみてください。

# 子育てにも「守・破・離」を取り入れる

前項の「真似る」に関連して、もう1つお伝えしたいことがあります。

「守《しゅ》・破《は》・離《り》」をご存じでしょうか？

武道や芸道などの修行課程を表した言葉ですが、まずは師匠から教わった型を徹底的に守ることから始めます。そのあと、身につけた型を自分に合わせるにはどうしたらいいかという模索があり、型を破ることになります。師匠から教わった型、そして自ら模索して得た型から、新しい型が生まれ、既存の型から離れることになるのです。これが、「守・破・離」のあらましです。

子育てにも、似たようなことが言えるのではないかと、私は思います。

自分が育てられたようにしか、子どもを育てられないと思う親もいますが、体にしみついた親の教えが「守」なのだとして、それが自分には合わないと気づいたのなら、思い切って壊せばいいんです。破ればいいんです。

親子の数だけ、子育てもさまざまです。

「自分にはこれしかできないから」

「こういうふうに私は育てられたから」

いつのまにかこうした考え方に縛られている方もいらっしゃるはずです。

そんなときは、この「守・破・離」を思い出して、窮屈な型を破り、自分らしい型を見つけましょう。

守破離の解釈からすれば、この方法は親を尊敬、リスペクトしている場合に使ったほうが良いと私は思います。子育ての悩みに、オンリーワンの解決方法なんてないのですから。

# 将来の心配は、今すぐやめましょう

心の余裕がなくなると、人はうつっぽくなったり、悲観的になったりします。そうすると自分自身の元気が保てないので、当然、周囲にもやさしくなれません。

最近では、先行きの不安から、子どもの将来まで悲観してしまうケースが増えてきました。

義母が認知症、ご主人がうつ病、自分自身も体調不良を抱えているというお母さんから、娘さんの不登校のご相談を受けたことがありました。認知症のお年寄りの介護に関わることは珍しいことではありませんし、うつ病などの精神疾患も、風邪のように誰もがかかる可能性があり、決して対岸の火事ではありませんね。

今抱えている家族の健康面での不安があまりにも大きなプレッシャーとなり、不登校になった娘さんの回復に関しても、このお母さんは希望が持てなくなってしまったのです。

私は、「子どもの心配をするのを今すぐやめましょう、お母さん」と伝えました。

それに加えて「子どもが将来幸せに暮らす様子、自分と家族が幸せに暮らす様子を想像しましょう」と伝えました。

未来なんて、どうなるか誰にもわかりません。

それなのに、暗く悲しいことしか思い描けなかったら、もったいないですよね？　誰にとっても平等に「未来は白紙」なのです。だとしたら、将来を悲観するより、家族の楽しい思い出を語り合ったり、ご主人と自分の楽しい思い出を子どもに聞かせたり、家族のいいところを見つけ合ったりしたほうがいいですよね。

「いつか空が落ちるかもしれない」と心配したところで、じゃあ、今どうすればいいのでしょうか？　そんな悩みで、たくさんの可能性を秘めた「白紙の未来」を塗りつぶしてしまわないようにしたいですね。

# 親の宿題を子どもにさせないでください

「親の宿題」って、何だと思いますか？　想像してみましょう。
高校生のときにやり残した宿題？　会社の上司から出された宿題？
いいえ、どれも違います。「親の宿題」とは、「（自分の）人生の宿題」のことです。
私が今まで、たくさんの親子を支援してきた結果わかったことは、

・親が自分の人生で先送りした問題をそのまま未解決にしていると、子どもも同じ問題にぶつかる。
・親がその問題を解決できなかったら、子どもの手助けもできない。

ということです。宿命と言えばそうなのかもしれませんが、子どもに同じ苦労は味わわせたくないですよね。

わかりやすい例で言いますと、自分が親にされたことが嫌で親子の縁を切ったのに、今度は子どもにも自分の親と同じことをしてしまっていたり……。嫌だったはずのことを解決しないままだから、次世代にも先送りしてしまうこと、けっこうあります。

ある親御さんは「今までこの子の問題だと思い込んでいたのですが、よくよく考えたら、私の問題だったのですね……」と気づかれたのです。そして、このお母さんは「これからは、自分の宿題として取り組みます！」と明るい表情でおっしゃってくれました。

その表情を見て、私は、「この方の宿題は終わった！」と確信しました。

人生の宿題は、自分がそれを自分に課せられたものだと認め、やり遂げようと決心した瞬間に、ほぼ終わっているものなのですね。

もし、今のあなたに悩みがあるのなら、それは「誰の宿題」なのかをよく考えてみてください。そして、それがもしあなた自身の宿題だとしたら、「私が必ず終わらせる」と決断してください。

中3の息子さんの不登校で悩んでいたAさん。

ご主人が批判ばかりで関わってくれないことに不満でしたが、私からの「ご主人とお父様を重ねて報復《ほうふく》していませんか？」の問いにハッとされた顔をしました。

子どもの頃、お父様から批判され、お姉さんと比べられてばかりだったとのこと。

Aさんは「私の父への怒りが息子を苦しめていたなんて……息子にも夫に申し訳ない。これからは父を許し、夫にも優しくして、私が家族を元気にしてゆきます！」と清々しい表情で答えられました。

自分の問題なのに解決できない理由は3つ

**1：解決法を知らない⬇本やネット、専門家等から学ぶ**
**2：時期尚早、準備不足⬇準備してタイミングを待つ**
**3：他人を当てにしている⬇私がやると決断する**

つまり、本やネットや専門家から学び、必ず私が終わらせる！　と決断した瞬間に、その宿題は、「あなたを悩ませる問題」から「あなたがやり遂げる目標」へと変わる、言い換えれば、「影響される側」から「影響する側」へと立場が変わるのです。

## 「言いなりになる」を「受け入れる」に変換する

ひとことで「不登校」と言っても、実にさまざまなケースがあります。

長期間休みっぱなしの子もいれば、ある日突然、1、2日だけ「行きたくない」と言い出すときが年に数回ある、という子もいます。何とか学校には行くけれど、毎朝「行きたくない」とごね続ける行きしぶりの子もいます。


私が相談を受けた次のケースは、わりと軽めの不登校のお子さんでした。

保育園、幼稚園を経て小学校にあがった男の子です。少しこだわりが強い傾向があり、自分が思い通りの時間に朝の準備ができないと、それだけで「行きたくない！」となってしまいます。最終的には「ママが悪いんだ！」と悪態《あくたい》をつく始末。お母さんは「年をとってから産まれたひとりっ子で、過保護・過干渉にした結果では……」と自分を責めていらっしゃいました。

このお子さんは、とても意思が強いのだと感じました。また、「行かない日の翌日には元気よく登校する」そうでしたので、深刻なケースではないとも思いました。

このお母さんには、

- 「行かない！」と言い張ったら、一度だけでいいので「本当に行かないの？」と確認し、それでも「行かない」と言ったら、お子さんの意思を尊重して気持ちよく休ませること
- スキンシップをたくさんとるようにすること
- できるだけじっくり、お子さんの話を聴くこと
- 些細なことでも、少し大げさなくらいにほめること

などをアドバイスしました。

よく、「行きたくない！」と言い張った子どもを休ませてしまうと、子どもの言いなりになってしまったのではないか？　と自分を責める親御さんがいらっしゃいます。

確かに、それは一理あるかもしれないのですが、この子のように、行かないと言った翌日には、ケロッとして登校する場合は受け入れて休ませたほうがいいのです。

少子化の現代に多い、一人っ子の家族構成では、「子育てを失敗したくない」「大事に育てなくちゃ」となりがちです。

特に、親御さん自身が過干渉や完璧主義で育てられた過去や、親の人生経験不足による選択肢の少なさ（あるいは選択肢のイメージの弱さ）がもたらす親の許容力の少なさが過干渉につながることがあります。

親があまりに「危ない！」「それは危険だからやっちゃダメ！」と言い過ぎると、子どもは、「外の世界は怖いところ」と思ってしまいます。そうなると、自由に羽ばたいていけなくなってしまうんです。

このお母さんが、お子さんの意思の強さを認めて、受け入れられるようになれば、問題は少しずつ解決していくはずです。

# 「子どものために」ではなく「自分のために」する

今でこそ不登校解決コンサルタントとして活動していますが、私も不登校の子どもでした。大人になってからも吃音《きつおん》や対人恐怖症で苦しみながら20年以上心理学を学び続け、今までに、1万8000組以上の親子を支援してきました。

「子どもが学校に行けるようになりました。ありがとうございます」といった感謝のメールが毎日のように届きます。

その中でもいちばん嬉しいのが、「不登校のおかげで、家族の絆が深まりました。笑顔も増えました。以前より、子どもに愛情を感じます」というものです。

子どもが不登校になると、多くの親御さんが不幸のどん底に落ちたような気分になります。でも、底まで落ちたなら、あとは上がっていくだけです。

失いかけた心の絆を取り戻せる日は必ずきます。そして、親子で笑い合える日も必ず戻ってくるのです。

不幸のどん底を感じたときこそ、思い出してもらいたいことがあります。

それは「子どものために」何かをするのをやめて、「自分のために」に何かをする機会を増やす、ということです。

なぜなら、不登校になったのは子どもであって、あなた自身ではないからです。

「子どものために」と思うと、子どもが本当は望んでいないことまで押し付けてしまうかもしれません。

「自分のために、仕事をする」

「自分のために、休む」

「自分のために、食べる」

いつも、〝自分ファースト〟であることを、心がけるのです。

そのためには、親の感情を子ども任せにしないようにしましょう。

頭ではわかっていても、「やる気が出ない」「行動できない」「体が動かない」ということは、大人にもありますね。

親がどんなに「子どものために」と思って何かをしたところで、子どもの心に「やりたい！」という感情が湧き起こらなければ、やっぱり「やる気が出ない」「行動できない」「体が動かない」になってしまうんです。

自分の感情は、自分だけのものです。

もし、自分以外の誰かに感情がコントロールされたらどうでしょうか？　いつも他人に振り回される人生になってしまいますね。そんなのはイヤですよね。それは子どもだって同じです。

お互いの感情には踏み込まない――これは、風通しのよい親子関係をキープする秘訣です。

# 1日1回は、親ばかになる

「うちの子は、特別だ！」と信じましょう。

「この子は、世界一の娘！」と叫びましょう。

「あなたを世界で一番、愛している！」と伝えましょう。

周りの目など気にしないで、人前で、大きな声で、

「◎◎ちゃん、大好き！」

「◎◎君、愛してるよ！」

って言いましょう。


日本人は、周囲の目を気にしたり、謙遜してしまって、どんなに自信があっても、「いえいえ、たいしたことありません」「そんなにできません」と言いがちですね。

子どもやパートナー（配偶者）をほめられても「ぜんぜん、ダメですよ」「たいし

たことないんです」「△△しか、できないんですよ」と、言いがちです。

謙遜の美徳は日本人が大事にする道徳観ですが、ときには、周囲の目をはばからずに、素直な気持ちを伝えてもいいと私は思います。

とくに、子どもへの愛情は、出し惜しみしないでほしいのです。

愛情表現は、慣れていないとなかなか口に出せません。まずは1日1回でいいので、言葉にする練習をしてみてください。

もし、口に出すのが難しいなら、手紙やメール、ＬＩＮＥでもかまいません。言葉にすることで、あなたの愛に自信がもてるようになると思いますよ！

# いじめで受けた心の傷の癒し方

いじめを受ければ、どんな子どもも深く傷つきます。

それまで非のうちどころなく学校生活を送ってきた子——とくに、真面目で頑張り屋さんの子が多いのですが——が、ある日突然いじめを受けると、そのダメージは計りしれません。

以前、生徒会長になったことがきっかけで、不登校になったお子さんの相談を受けました。生徒会長になるくらいだから、人望もあり、みんなから好かれるタイプの女の子です。でも、同じクラスで副会長に当選した女の子からあからさまな嫌がらせを受けるようになり、学校に行けなくなってしまいました。

副会長になった女の子は、無視したり、足をひっかけたり、「おまえが休むと自分がいじめていると言われるから、もう来るな」と暴言を吐いたりするとのこと。

だからこそ、こんなことをされたら、学校に行きたくなくなるのも無理のないことですね。

いじめっ子もそうですが、なかなか相手は変えられないものです（そりの合わない上司や会社の人間関係と同じです）。自分が変わる以外に、当面は対処方法がないのが現実です。

いじめられている子の親は、子どもに次の3つのことを繰り返し伝えてください。

**1：以前もそして今も、あなたは何も悪くないということ**
**2：学校に行っても行かなくても、あなたは素晴らしい存在であるということ**
**3：親にとって、世界で一番大切な存在であるということ**

親が強い意思を持って、この3つをお子さんに繰り返し繰り返し伝えましょう！

学校に行くか行かないかは、心に受けた傷を癒してからでも遅くはないのですから。

# 努力の方向性を見直す時間をつくる

人生には3つの事柄があります。

1：あなたが今、変えられること
2：あなたが将来変えられる可能性があること
3：あなたには変えられないこと

あなたはどの事柄について、努力していますか？　ひょっとして、「あなたには変えられないこと」を必死で変えようと、努力していませんか？

頑張ること、努力することは、尊く美しい行為だと私は思います。生きている証《あかし》と言ってもいいかもしれません。でも、その尊い行為が「変えられないこと」に向かっていたとしたら、時間も労力ももったいない話ですよね。

「子どもやパートナーを含む他人の考えや行動」、そして「過去」。この2つは変えられません。思いきって、諦めましょう。手放しましょう。

もし自分のエネルギーを注ぐのなら、次のようなことに向けましょう。

- 自分の心を元気にする
- 自分の体を元気にする
- 自分の知識や技術をふやす
そしてそれができたら、
- 大切な人に愛と思いやりを伝えましょう
頑張りすぎる人は、ときに「努力の断捨離」も必要ですね。そうすると、心がすーっとラクになりますよ。

# 言葉を減らす
# ――8対2の法則

子どもにカッとなって怒ったとき、あるいは、注意したり指示したりするとき、あれもこれもとワーッと言い過ぎていること、ありませんか？

試しに一度、子どもとの会話のときに、どちらがどれくらい話しているか、意識してみましょう。

どうですか？　しゃべりすぎていませんか？　子どもの言葉を遮《さえぎ》ってはいませんか？

子どもと親の理想的なバランスは、子どもが「8」話したら、親が「2」話す――これくらいがちょうどいいのです。

親の会話力は子どもの数段上ですから、お子さんの話はあなたにとってわかりやすいものでも、あなたの話はお子さんにとってわかりにくいものになっているかもしれません。

あるとき、妻と「聞くことの大切さ」について話していると、来客がありました。

私が客と話をし、妻がその場に居合わせました。

客が帰ったあと、私は妻に聞きました。

「聞く5、話す5くらいだったと思うけど、どうだった？」

すると妻は苦笑しながら、

「9割話していたよ」


私に限らず人は、話す時間は短く感じ、聞く時間は長く感じるものです。

ですから、実際にお子さんとコミュニケーションするときには、あなたが話すのは「1にする」くらいのイメージでちょうどいいと思います。


「不安はすべてノートに吐き出す」という方法も、言葉を減らすときに有効です。

子どもへの怒り、不安、不満は、声に出さずに、すべてノートに書き出します。

書き出していくと、自分の中のモヤモヤが具体的になり、整理できるんです。

すべて書き出したら、そのページを破り、くしゃくしゃに丸めて燃やしてください。

心のモヤモヤを、天へと昇華させるのです。そのあと、良いことを想像してください。自分、家族、子どもの幸せを想像するのです。

燃やすなんて、怖い⁉　燃やしましょう！　大人ですから。感情が動けば、記憶に残ります。もちろん、火事にはくれぐれもお気をつけくださいね。

# 悩むのは5分だけ

不登校になると、
〝どうすれば学校に行ってくれるのかな?〟
〝ゲームを辞めさせるにはどうすれば……〟
〝この子の将来のために何ができるだろう……〟
そんな悩みが尽きないと思います。

はい! 悩んでください!
ただし、悩むのは5分、ど～んなに長くても30分までです。

〝え、どうして?〟

そんな声が聞こえて来そうですが、理由は30分以上考えても答えは出ないからです。もっと言えば、普通に5分以上考えて結論が出なければ、おそらく、それ以上考えても答えは出ません。

なぜなら、多くの場合、答えが出ないのは、「行動する人」と「考える人」が別だからです。まさに、不登校……。

あなたがどんなに悩み考えても、行動するかしないかを決めるのは結局、お子さん自身。

あなたが「きっとこぅすれば行けるはず！」と意気込んだとしても、お子さんが「ヤダ！」と言えば悲しいかな、それまでです。

だからこそ、考えるときには実際に行動する人（お子さん）の「気持ち」も含めて考える必要があるのです。

そんなときに役立つ考え方の秘訣があります。

名付けて「答えを引き出す７つのステップ」。

**１：考える時間は５分～30分（タイマーを使う）**

**２：紙に書きながら考える（ペン＆ノートを使う）**

**３：何について考えるのかテーマ決める。**

**４：次の８つのヒントをもとにアイデアを考える**

①今すぐ出来ることがあるとしたら

②もし、何の制限もないとしたら

③誰かの助けを借りるとしたら

④お金で解決できるとしたら

⑤本人が自分で決めて行動できるとしたら

⑥私が何か手助けできるとしたら

⑦そもそも私が悩むまでのことではないとしたら
⑧今はまだ行動に移すのは早いとしたら

**5：時間内に選択肢を2つ以上書き出す**

**6：上記選択肢の中から1つ選ぶ**

**7：今すぐ行動するか、予定表に書き込む**

悩んでいるだけでは何も変わりません。
未来を変えるには行動が必要なのです。
5分で答えを出して行動する。
「答えを引き出す7つのステップ」、ぜひお試しくださいね！

# 放っておく練習を始めよう

子育てのひとつのゴールは、子どもの自立ですね。

そのために子どもは、家庭や学校でいろんなことを学び、社会性を身につけ、いろんな人々と出会い刺激し合って、いつか巣立つ日のために成長しているのです。

だから親は、いつか子どもが離れていくときのために、ちょっぴり準備が必要です。心構えとも言えるでしょうか。

子どもが巣立つ日を安心して迎えるためにも、そしていつの日か笑顔で送り出してあげるためにも、親は「放っておく練習」を、今日から始めてください。

具体的には、こんなことです。

- 子ども自身が求めない支援はしない
- 自分の感情を子どものせいにしない

- 子どもに物心両面で頼ろうと思わない
- 子どもと良い思い出をたくさん作る
- 幸せな姿を子どもに見せる

子どもと過ごす時間は、案外と短いものです。

子どもが巣立った後は、自分だけの時間（夫婦2人だけの時間）が待っています。だから、親は子育て中も、自分の好きなこと、やりたいことを我慢しすぎないほうがいいですね。自分が好きなことをする時間は、一時的にぐっと減るかもしれませんが、いずれまた、たっぷり時間をかけられるときがきますから。

仕事もそうです。仕事をすることで自分が満足できるなら、子育て中であれ諦めることはありません。いろんな事情があるかもしれませんが、両立できる道を探ってみましょう。

親は親の人生を生き、子どもは子どもの人生を生きるのです。

# 愛の女神と炎のリーダーになろう

〝子どもが苦しんでるのに、何もしてあげられない……〟

〝この子に何を言ってあげればいいのか……〟

〝私がもっとしっかりしていれば……〟

〝いったいどうすればいいの……〟


子どもが不登校だと、悩みは尽きませんよね。

時には無力感を感じたり、自分を責めたり、考える気力さえなくしてしまうこともあるかもしれません。

でも、ご自分を責めないでくださいね。

お子さんが不登校になったのは、あなたのせいでも、ましてや、お子さんのせいでもありません。

誰も悪くないのです。


あなたはこれまで精一杯、お子さんを愛してきたはずです。

お子さんもあなたの愛に答えようと一生懸命がんばってきたのです。

誰もが最善を尽くしてきたのです。


だからこそ今、女神の力を借りてみませんか？

〝えっ！　神頼み?!〟


いえいえ、違います。

あなたが女神になるのです。

題して、

「愛の女神と炎のリーダーになろう！」

たった今からあなたは愛の女神です（お父さんには炎のリーダーがおすすめです）。

最初はちょっと恥ずかしいような、おこがましいような気持ちになるでしょう。でも、そのうち慣れるのでご心配なく。

そして、こんなふうにご自身に問いかけてみてください。

もし私が愛の女神（炎のリーダー）なら、どんな態度でこの子に何を言うだろう？

もし私が愛の女神（炎のリーダー）なら、この子に何をしてあげるだろう？

いかがですか？

今までと違った気持ちになりませんか？

今までと違った言葉が浮かんできませんか？

浮かんだ気持ちや言葉をお子さんに伝えてみませんか？

きっと今までと違ったコミュニケーションが始まりますよ！

もし、愛の女神、炎のリーダーがしっくりこないなら、癒やしの天使、肝っ玉母さん、最強パパなんてどうでしょう？

ちなみに最近の私、勉強会や講演などでは「愛の預言者」、家では「面白いパパ」になってます。

一日中、愛の女神は無理でも、お子さんと顔を合わせる5分だけなら、愛の女神になれそうな気がしてきませんか？

だとしたらもう、あなたの中に愛の女神はいるのです。

# おわりに

## もし、今日が人生最後の日だとしたら、心残りはないですか？

日々……いえ毎時毎秒、私たちの寿命は減っています。

そして、いつ死ぬかはわかりません。

私も健康診断で再検査になって、結果が出るまで怯《おび》えた生活をし、死を実感したことがあります。

幸い、今のところ、命の心配はありません。

とはいえ、交通事故や不慮の事故で、いつ何時死ぬかもわかりません。

明日、死なないという保証はありません。

あなたが１００歳まで生きる可能性があるのと同時に、今すぐ死ぬ可能性もあるのです。

想像してください。

もし、今日、この命が終わるとしたら、心残りはないですか？
……ありますよね。

私たちの命はいつか尽きます。
それは、50年後かもしれないし、今日かもしれない。
もし仮に、今日で命が終わるとしたら……。
お子さんへ伝え残していることはないでしょうか？
あるいは、お子さんの想いをすべて受け取れているでしょうか？
あなたのことを世界一愛してくれているお子さんからの愛を、
ちゃんと受けとめてきたでしょうか？
そして、愛を返してきたでしょうか？

## ●伝えていることと伝わっていることは同じではありません

あなたがお子さんに対して、想いや考えを伝えようとするとき、
それがそのままお子さんに伝わっているとは限りません。

あなたとお子さんのこれまでの関わりは、
すべて愛を基にした関わりだったと思います。
愛しているから叱りもしたし、文句も言うし、愚痴も言ったかもしれない。
ただ、それら全部が、
「愛しているから言ってくれてるんだな」
とお子さんに伝わっているとは限らないのです。

「今、私がこの子に向けた言葉は、
二人の間の空間を飛んでいって、この子の耳に入り、
脳で解釈されイメージとしてふくらみ、
結果、この子にどんな感情が湧いているか……」
というところまで思いやることが大切。
そうしたら、息子さんの、娘さんの顔に浮かんだ表情から、
あ、今、幸せな気持ちになったんだな……とか、

今、寂しい気持ちになったんだなって、見えるじゃないですか。
最後の感情のところまで言葉が届いたかどうか、確認してほしいのです。
そうじゃないと、たびたび誤解が生まれます。
私たちの関係が崩れるのは、誤解が起きたときに、
誤解を解く努力をしないからです。
誤解はたびたび、起きます。
だって、親子とはいえ、お互い別の人間だから。
別な言語解釈をし、別な価値観を持ち、別の体験を通して別のイメージをします。

もしかするとあなたは、〝学校〟と聞いて、
小学生、中学生のとき、最高に楽しかったとイメージするかもしれない。
でも、お子さんの場合は、
〝学校〟と聞いたら苦痛しかないというイメージかもしれない。
そんな親子が同じ言語で話したとき、同じ感情になるとは限りませんよね。
親子とはいえ、生育環境が違うので、

あなたのコミュニケーション方法が最終的にお子さんにどんな感情をもたらすか、
思いやり、想像する必要があるのです。
そして、親が意図したことと違う状況になってしまったら、
誤解を解く努力をしてください。

根気強く、「本当は愛しているんだよ！」ということを伝えて、
お子さんが安心するまでやり続けてください。
もしかすると、お子さんから非難や暴言や攻撃や無視があるかもしれません。
だからと言って諦めますか？
違いますよね。

あなたはこの本で、さまざまなことを学びました。
あなたの関わり方次第でお子さんやパートナーの感情に、
良い影響を与えられることを学びました。
だから今、たとえどんなに関係が悪くても、必ず愛の関係に持っていけるはずです。

短い時間か長い時間かはわかりませんが、
本書で学んだことを実践していけば、
おそらく短い期間で良い関係になれると私は確信しています。
私がこれまで関わらせていただいた多くの方々からも、
親子関係が劇的に改善したというご報告をいただいています。
ですからあなたも自信を持って、本書の方法を実践されることをおすすめします。

2019年9月

菜花　俊

追伸　「もっとたくさんの体験談を読みたい！」「いろいろな相談事例を知りたい！」そんなときは巻末の【読者プレゼント】にお申し込みください。
あなたが不登校を卒業するまで、私はあなたを応援し続けます。

# 読者プレゼント

～いつもがんばっているあなたへ～

お子さんの笑顔のために、いつもがんばっているあなたを応援したいから、次の３つのプレゼントをご用意しました（すべて無料ですので、安心してお申し込みください）。

## 1．無料メルマガ

全国のお母さんから届いた「不登校解決の体験談」や「相談事例」、「解決のヒント」などを毎週メールであなたのもとへお届けします。

## 2．「涙と笑いの体験報告集」

お母さん125人の不登校体験冊子「涙と笑いの体験報告集」(A4サイズ60ページ)を無料で差し上げます。※数量限定、お早めに。

## 3．不登校脱出勉強会 DVD（ダイジェスト版）

お母さんのための不登校脱出勉強会 DVD のダイジェスト版を無料で差し上げます。※数量限定、お申し込みはお早めに。



何もしなければ、何も変わりません。メルマガや冊子を申し込む……
そんな小さな行動からでも未来は変わっていきますよ！

あなたはもうひとりぼっちではありません。
不登校を卒業するまで、私はあなたを応援し続けます。

菜花 俊

## 著者紹介

菜花　俊　1967年、福島県生まれ。心理カウンセラー。不登校解決コンサルタント。NPO法人 親心支援協会理事長。

自らも不登校を経験。親子の心の痛みに寄り添い、独自の手法で解決してしまう不登校解決の専門家。的確なアドバイスに救われた親子からの感謝のメールが後を絶たない。

18000組以上の親子を支援してきた著者の言葉は、親が日々の中でつい忘れてしまいがちな「子どもがいちばん求めていること」を改めて気づかせてくれる。

※無料メルマガ配信中

https://www.growthmind.co.jp

不登校《ふとうこう》になって本当《ほんとう》に大切《たいせつ》にするべき
親子《おやこ》の習慣《しゅうかん》

2019年10月1日　第1刷

著　者　菜《な》花《ばな》　俊《さとし》
発行者　小澤源太郎

責任編集　株式会社 プライム涌光
電話　編集部　03(3203)2850

発行所　株式会社 青春出版社
東京都新宿区若松町12番1号 〒162-0056
振替番号　00190-7-98602
電話　営業部　03(3207)1916

印　刷　共同印刷　　製　本　大口製本

万一、落丁、乱丁がありました節は、お取りかえします。

ISBN978-4-413-23135-0 C0037